Содержание

Модуль	Тема	Вид текста	Компетенции	Страница
Модуль 5	**Россия между прошлым и будущим**			80
5 А	**Судьбы людей – судьба страны**			82
	В. Т. Шала́мов	биография	– прочитать текст и обсудить жизнь В. Шаламова, разыграть интервью	
		отрывок из сериала	– прослушать отрывок из сериала *Завещание Ленина*	
		рассказ	– прочитать и обсудить рассказ *Надгробное слово*, написать письмо от лица одного из героев рассказа	
	История СССР	плакаты, почтовые марки	– подготовить доклад о важных событиях в истории СССР – описать плакаты и почтовые марки об исторических событиях в России, написать сочинение	
5 Б	**Настоящее – это миг между прошлым и будущим.**			86
	Важное в жизни	песня	– прослушать, прочитать и проанализировать песню из кинофильма *Земля Са́нникова*	
	Современная Россия	фотографии	– обсудить жизненную ситуацию разных групп населения в России и в Германии	
		статистика	– сравнить средние зарплаты в России и в Германии	
	Лабиринт жизни	отрывок из пьесы	– прочитать текст о ситуации молодёжи в сфере работы и о мечтах молодых людей, придумать продолжение рассказа – разыграть диалог о профессиях – поговорить о перспективах развития рынка труда	

Модуль	Тема	Вид текста	Компетенции	Страница
5 В	**Будущее в прошлом**			90
	Техника молодёжи	обложки	– обсудить мечты людей о будущем в 70/80-х годах	
	Трудно быть богом	отрывок из повести	– прочитать и обсудить отрывок из повести Арка́дия и Бори́са Струга́цких – поговорить об изменениях в школьной жизни в прошлом и в настоящем, составить стенгазету на тему *Школа будущего*	
		комикс	– прочитать комикс, придумать собственный комикс о жизни в будущем	
	Всё будет по-другому...	текст для аудирования	– прослушать диалог и обсудить возможные изменения в жизни в будущем, написать сочинение, сделать запись в дневник – сделать доклад на тему *Город будущего*	
5 Г	**В новом контексте**			94

Сокращения

и др.	и другие
и т. д.	и так далее
мин.	минута
напр.	например
разг.	разговорная речь
см.	смотри
ср.	сравни
ст.	строчка
стр.	страница
сущ.	имя существительное
тыс.	тысяча
упр.	упражнение

Символы

П	Muster (примéр)
Гр	Grammatik (грамматика)
	Partnerarbeit
	Gruppenarbeit
	Projektarbeit
	Dossier
SV	Sprachvergleich
DE | EN	Übung zum sprachenübergreifenden Lernen (Deutsch, Englisch)
	Übung ist auf der Hör-CD
	Übung Hör-/Sehverstehen
M	Mediation
	Blaue senkrechte Linie markiert Sprachmittel und Zielleistungen in jedem Abschnitt.
Словáрная шкатýлка	präsentiert Wortschatz, der zur Bewältigung der Zielleistungen erforderlich ist
	Verweis auf Methodenteil

Источники фотографий

Cover Hintergrund (H): picture-alliance/Bildagentur Huber; links: mauritius images/Stephanie Bahlhoff; rechts: Getty Images/Luis Alvarez | **14** akg-images | **15** flickr.com | **16**/1; /3 ITAR-TASS; /2 buero monaco / LOOK-foto | **17**/1 ITAR-TASS / Grigory Sysoyev; /2 ITAR-TASS | **18** vario images | **24** Marcelo Galvao Silva Rampazzo / toonpool.com | **26**/1 flickr.com; /2 vario images; /3 Ute Grabowsky/photothek.net; /4 © Klaphake/teamwork; /5 Photo ITAR-TASS / Vladimir Zinin | **27**/1 Westend61/Westend61; /2 Christian Ditsch/version-foto.de; /3 argum / Thomas Einberger; /4 Westend61/Westend61; /5 vsl/mediacolors; /6 vario images | **32**/H Photo ITAR-TASS / Vadim Zhernov; /1 Photo ITAR-TASS / Alexander Kolbasov; /2 Photo ITAR-TASS / Mikhail Klimentyev; /3 ITAR-TASS | **33** wikipedia.org | **34**/1 Photo ITAR-TASS/ Vladimir Smirnov; /2; /4 ITAR-TASS/fotoimedia; /3 wikipedia.org; /5; /6 ITAR-TASS | **35**/1 Photo ITAR-TASS/ Yuri Mashkov; /2 ITAR-TASS; /3 Ria Novosti/ Vladimir Fedorenko; /4 Photo ITAR-TASS/ Vladimir Smirnov | **36**/1 Ria Novosti/ N. Rakhmanov; /2 Photo ITAR-TASS / Valery Sharifulin | **40** (3) Stiljagi (Стиляги), © Kinokompanija Krasnaja Strela, 2008 | **44**/1 Zloj maltchik (Злой мальчик), © VGIK Moskwa, 2004; /2-4 wikipedia.org | **45** (2) wikipedia.org | **46**/1 Photo ITAR-TASS / Maxim Shemetov; /2 Picture Press/Boerner, Juerco | **47**/1 Bildagentur-online; /2 ITAR-TASS; /3 Andreas M. Gross/Westend61; /4 ullstein bild – AP; /5 vario images | **48**/1 Wolfgang Deuter; /2 wikipedia.org; /3 TruePixel/Achim Meissner; /4 Caro / Westermann; /5 www.christoph-papsch.com; /6 doc-stock/Normann Hochheimer | **49**/H ITAR-TASS; /1 ITAR-TASS; /2 Eckel; /3 vario images; /4 Photo ITAR-TASS / Ruslan Shamukov; /5 © APA/Lineair/Lineair; /6 die bildstelle / XINHUA; /7 Photo ITAR-TASS / Marina Lystseva | **50** istockphoto.com | **51**/1; /3; /4 flickr.com; /2 Ria Novosti/ Alexey Kudenko | **52** istockphoto.com | **54**/5 www.CryaZone.com | **55** flickr.com | **56** ITAR-TASS | **58**/1 Photo ITAR-TASS/ Igor Buimistrov; /2 ITAR-TASS; /3 ullstein bild - Imagebroker.net; /4; /6 ITAR-TASS/ emptytass; /5 Ria Novosti/ V. Gouckov | **59**/1 ullstein bild – AISA; /2 Ria Novosti/ Alexander Liskin; /3 ITAR-TASS/ emptytass; /4; /5 wikipedia.org; /6 ullstein bild – Nowosti | **60**/1 ITAR-TASS; /2 Ria Novosti/ R. Mangasaryan | **62** Konzept und Bild / VISUM | **64**/H Photo ITAR-TASS / Alexei Danichev; /1 Ria Novosti/ Vitaliy Karpov; /2 Photo by ITAR-TASS/ Valery Bushukhin; /3 ITAR-TASS; /4 Photo ITAR-TASS / Alexei Shchukin | **65**/1 GEO Special 3/2006; /2 Kunkel, Jean-Pierre /DER SPIEGEL 29/2008; /3 ITAR-TASS; | /4 www.russia2018-2022.com/en.aspx | **66**/1 flickr.com; /2 Ria Novosti/ V. Malyshev; /3 Ria Novosti/ Fred Grinberg | **67**/1 Ria Novosti/ Vsevolod Tarasevich; Ria Novosti/ Sergey Subbotin; /2 Ria Novosti/ Vladimir Vyatkin; Michael S. Nolan / SpecialistStock | **68**/1 Haag & Kropp GbR, +49 6221 78137; /2 (c) dpa | **70**/1; /3; /5 ITAR-TASS; /2 Ria Novosti/ Alexander Polyakov; /4 Photo TASS / Yuri Muravin | **72**/1 plainpicture/Maike Mia Hoehne; /2-4 fotolia.com | **74** Photo ITAR-TASS/ Rusinov Denis | **75**/1 Photo ITAR-TASS / Pavel Golovkin; /2 ITAR-TASS / Beznosov Mikhail/ Russianlook; /3 ITAR-TASS; /4 Photo ITAR-TASS / Nikolai Moshkov | **76**/1 wikipedia.org/Sah68; /2 Ria Novosti/ Dmitry Astakhov; /3 Ria Novosti/ Aleksey Babushkin | **79**/1; /3 ITAR-TASS/emptytass; /2 Ria Novosti/ Viktor Gumenuk; /4 flickr.com; /5 wikipedia.org; /6 Photo ITAR-TASS / Yevgeny Yepanchintsev; /7 Ria Novosti/ S. Golubev | **80**/1 (c) Sotheby`s/akg-images; /2 Ria Novosti; /3 wikipedia.org; /4 ullstein bild – Nowosti | **81**/H ITAR-TASS; /1-4 ITAR-TASS/emptytass; /5 ITAR-TASS/fotoimedia | **82**/1 ITAR-TASS; /2 Zaveshanie Lenina (Завещание Ленина), © Kinokompanija MakDos, 2007 | **83** (2) Zaveshanie Lenina (Завещание Ленина), © Kinokompanija MakDos, 2007 | **85**/1 Ria Novosti/ Vitaliy Karpov; /2; /3 wikipedia.org; /4 Ria Novosti/ Pavel Balabanov | **86** Photo ITAR-TASS / Vladimir Smirnov | **87**/1; /3 ITAR-TASS; /2 Photo ITAR-TASS / Alexander Karelin; /4 ITAR-TASS/emptytass | **88; 89** (4) fotolia.com | **90** (4) flickr.com | **95**/1 Anne Ackermann / imagetrust; /2 Lindner/Westend61; /3-6 flickr.com | **121** wikipedia.org | **140** (2) Stiljagi (Стиляги), © Kinokompanija Krasnaja Strela, 2008

1

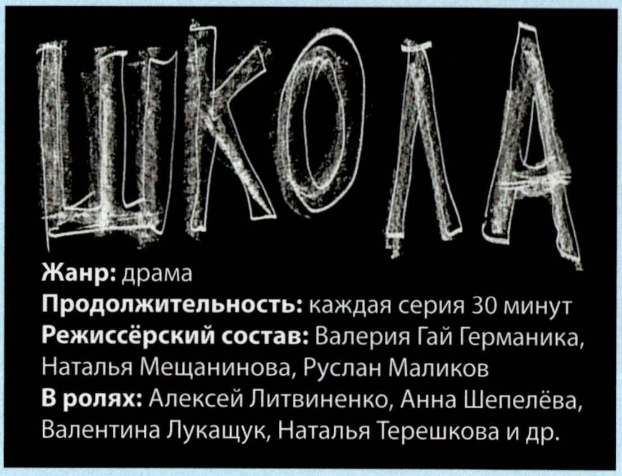

2

Подготовка к игре

3–4 игрока, кубик, фишки
Игроки по очереди бросают кубик. Начинает тот, у кого самое большое количество очков. Игрок с самым меньшим количеством очков выполняет роль ведущего.

Правила игры

Игрок бросает кубик и называет цвет поля, на которое он должен передвинуть фишку. Ведущий задаёт вопрос из этой категории. Если игрок ответил правильно, он передвигает фишку. Если неправильно, остаётся на месте. Если игрок попадает на поле *Джокер*, он может передвинуть фишку без вопроса. Если он попадает на поле *Событие*, передвигает фишку по стрелке на три поля. Выигрывает тот, кто первым дойдёт до финиша.

Значение полей

- Найди слово.
- Ты знаешь грамматику?
- Переведи.
- Что ты знаешь о России?
- Что ты видишь?
- Джокер
- Событие

3

АЗИЯ
ЕВРОПА

4

финиш

5

BRIGHTON
Счастье –
это когда тебя понимают…
Обучение
Тренинги и семинары
Языковой обмен
Бюро переводов
Контакты

Золотое время – молодость.

1) **П***осмотрите на картинки и опишите образ жизни молодёжи.*
а) Чем занимаетесь вы? Что важно вам?

б) Как вы думаете, есть ли у молодёжи проблемы. Расскажите о них.

в) Как вы понимаете высказывание Н. Го́голя?
Согласны ли вы с ним?
Обоснуйте своё мнение.
Какие у вас планы на будущее?
Чего вы хотите достичь в жизни?

> Молодость счастлива тем, что у неё есть будущее.

2) **О***пишите карикатуру.*
На какую проблему она обращает внимание?

3) **С***амые престижные профессии в России*

20 % – юрист
12 % – врач, экономист
7 % – банкир
6 % – программист, бизнесмен
…
1 % – переводчик, журналист, машинист

а) Что, по вашему мнению, делает эти профессии (не)престижными?

б) Насколько вам важно получить престижную профессию?

4) Прочитайте стихотворение С. Чёрного.

Любо́вь должна́ быть счастли́вой -
Э́то пра́во любви́.
Любо́вь должна́ быть краси́вой -
Э́то му́дрость любви́.
Где ты ви́дел таку́ю любо́вь?
[...]

В лири́ческих стро́чках поэ́тов,
Где любо́вь рифму́ется с кро́вью
И почти́ всегда́ голодна́?..
[...]

а) Вы согласны с тем, что «любовь должна быть счастливой» и «красивой»?
б) Как вы понимаете последние три строки стихотворения?
в) Как бы вы описали любовь? Найдите прилагательные.
г) Какую роль играет любовь в вашей жизни?

5) Прокомментируйте анекдот.

Одному парню понравилась девушка. Он к ней подошёл и признался в своих чувствах.
Она в ответ:
– У тебя есть мерседес??
– Нет.
– А двухэтажная вилла???
– Нет.
– Разговор закончен.
Он приходит к отцу, рассказывает ему всё и просит совета.
Отец:
– Ну-у, что я могу сказать... Бентли ты продашь, три мерса купишь, но из-за девчонки два этажа сносить, сынок – это перебор!

1A Кто путешествует, тот познаёт.

1) Мечта стала явью – год в Германии.

а) Тамара только что приехала в Германию, чтобы провести здесь учебный год. Посмотрите на фотографию. Как вы думаете, как Тамара себя чувствует? Каковы её ожидания?

б) Прочитайте её письмо из журнала STUDY IN.

Ещё будучи в Москве, я знала, что попаду в вальдорфскую школу, но поскольку я ничего не слышала об этой системе, то не могла предположить, что меня ждёт.

Учебные дисциплины там делятся на основные и дополнительные. Первые два часа каждого учебного дня – с 8 до 10 утра без перерыва – весь класс изучает какой-нибудь один предмет. Например, в сентябре – физику, в октябре – химию и так далее. Оставшаяся часть дня посвящена дополнительным предметам – английскому, немецкому, искусству. На каждый из них отводится по 45 минут.

В первые дни я очень уставала и потому часто смотрела телевизор, утешая себя тем, что это помогает мне «впитывать» немецкий язык.

С каждым днём пребывания в Германии я испытывала к этой стране всё больше симпатии. Но при этом в отношении своей страны я стала в каком-то смысле патриотичнее. Я начала ценить то, чего дома не замечала. Например, что люди в России гораздо дружелюбнее и искреннее. Пришло понимание важности таких «мелочей», как отношения с близкими людьми и любимыми друзьями.

Даже вкус привычной «бабушкиной» еды стал восприниматься по-другому.

Сейчас я учусь в 11-м классе. Год в своей школе я пропустила, но считаю, что приобрела гораздо больше, чем потеряла. Я стала более дисциплинированной, самостоятельной – целый год самостоятельности многое значит. В конце концов, я выучила немецкий и поняла, чего хочу в жизни.

в) Выберите правильный вариант ответа.

1. Тамара Субочева – ...
А студентка из Москвы.
Б выпускница Московской школы.
В ученица из Москвы.

2. О школьной системе Германии она знала...
А много.
Б немного.
В мало.

3. Она провела год...
А в общей школе.
Б в вальдорфской школе.
В в гимназии.

4. Тамара считает, что русские...
А дружелюбнее и честнее.
Б любезнее и откровеннее.
В любопытнее и скромнее.

2) Ответьте на вопросы.

а) Что вы узнали о первых днях Тамары в Германии?
б) Как отличается учебный день в вальдорфской школе от учебного дня в других школах Германии?
в) Как изменилась Тамара за время пребывания в Германии?
г) Какие выводы сделала Тамара после своего пребывания за границей?

Гр 3) Прочитайте предложения из текста.

Ещё будучи в Москве, я знала, что попаду в вальдорфскую школу.
Я часто смотрела телевизор, утешая себя тем, что это помогает мне «впитывать» немецкий язык.

а) Какая грамматическая форма употребляется в этих предложениях?

б) Как можно перевести эти предложения на немецкий язык?

Гр 4) Преобразуйте предложения по образцу.

Используйте союзы когда, и, в то время как.

(П) Читая газеты, Тамара выписывала незнакомые слова.
Когда Тамара читала газеты, она выписывала незнакомые слова.

1. Сидя за столом, она писала письма домой.
2. Утром Тамара идёт в школу, беседуя со своими подругами.
3. Вечером она делает уроки, слушая музыку.
4. Лёжа на полу, она говорит по телефону с мамой и папой.
5. Прощаясь, друзья крепко обнимали друг друга.
6. Смотря на фотографии, Тамара вспоминает год своего пребывания в Германии.

5) Изучите схему российской системы образования.

а) Прослушайте объяснение Тамары о российской системе образования.

б) Перескажите своим друзьям, не владеющим русским языком, самые важные факты на немецком языке. М

Система образования в России		
возраст	**класс**	**образование**
1–5/6		**дошкольное** *ясли/ детский сад (по желанию родителей)*
6/7–9	1–4	**начальное** *средняя школа, гимназия, лицей* русский язык, литературное чтение, иностранный язык, математика и информатика, обществознание и естествознание (окружающий мир), основы духовно-нравственной культуры России, ИЗО[1], музыка, физкультура, технология
10–14	5–9	**основное среднее** *общеобразовательная школа, лицей, гимназия, специальная школа* русский язык, литература, математика, 1-й и 2-й иностранные языки, информатика, история, обществознание, физика, химия, биология, география, физкультура, ОБЖ[2], музыка, ИЗО
право поступления в техникум, колледж, профессиональные учреждения		
15–17	10–11	**полное среднее** те же предметы ЕГЭ[3]: выпускник может сам выбрать 3–4 предмета, в зависимости от выбора будущей специальности. Обязательные предметы: русский язык и математика
		аттестат о полном среднем образовании
право поступления в ВУЗ[4]		

[1] Изобразительное искусство

[2] Основы безопасности жизнедеятельности

[3] Единый государственный экзамен

[4] Высшее учебное заведение

6) *А теперь объясните русским ученикам, пребывающим в вашей школе, какова система образования вашей земли. Расскажите,...*

– какие типы школ у вас есть.
– когда дети идут в начальную школу.
– когда переходят в общеобразовательную школу.
– какие предметы изучают.
– как протекает учебный день.
– какие возможности существуют после окончания школы.

7) *Чем Тамара занималась в Германии после школы? Работая с партнёром, составьте по очереди предложения.*

лазить по скалолазной стенке

праздновать карнавал

???

???

???

???

8) *Представьте себе, что вы Тамара. Напишите e-mail друзьям в Россию и расскажите подробно о том, как вы проводите своё свободное время.*

9) *Расскажите, как можно проводить свободное время в вашем городе или в вашей деревне.*

10) **Ч***то думают молодые люди о возможности провести учебный год за рубежом? Прочитайте высказывания.*

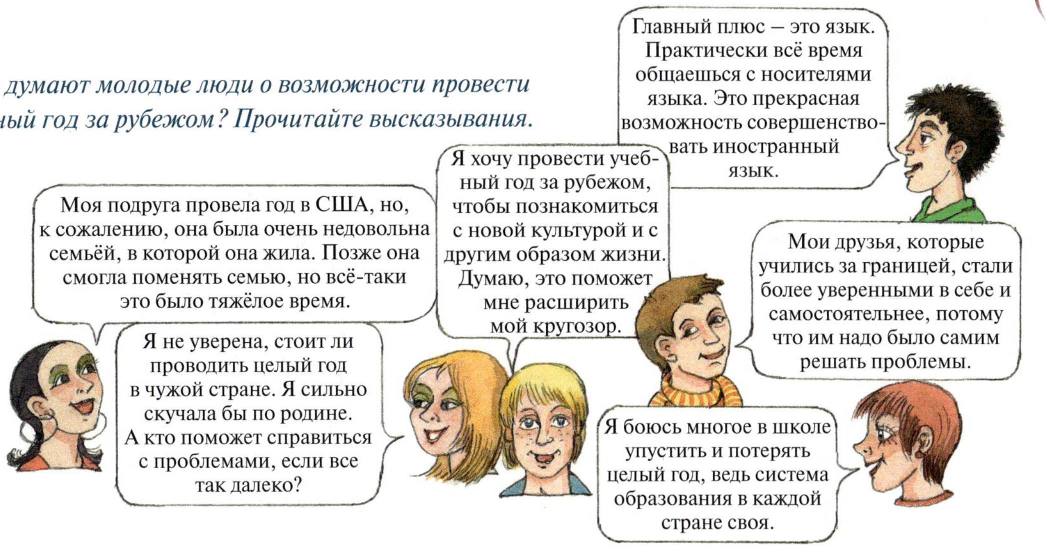

а) Составьте таблицу в тетради. Выпишите из текста преимущества и недостатки учебного года за рубежом и добавьте к ним контраргументы.

б) Найдите дополнительные аргументы и запишите их в таблицу.

Слова́рная шкату́лка

систе́ма образова́ния: я́сли, посеща́ть де́тский сад, идти в нача́льную (общеобразова́тельную, специа́льную) шко́лу, реа́льная шко́ла, лице́й, гимна́зия, те́хникум, ко́лледж, профессиона́льная шко́ла, поступи́ть/поступа́ть в ВУЗ (вы́сшее уче́бное заведе́ние), сдать/сдава́ть экза́мен (ЕГЭ), получи́ть/получа́ть аттеста́т о по́лном сре́днем образова́нии, выпускни́к (выпускни́ца), уро́к начина́ется (конча́ется), оконча́ние шко́лы

за рубежо́м: принима́ющая семья́, провести́/проводи́ть уче́бный год за рубежо́м (за грани́цей), пропусти́ть/пропуска́ть *что?* (тест, экза́мен), упусти́ть/упуска́ть что-нибу́дь *где?* (в шко́ле), (по)теря́ть год (вре́мя)

ли́чное разви́тие: по́сле пребыва́ния за грани́цей, расши́рить/расширя́ть *что?* (кругозо́р), стать (бо́лее) самостоя́тельным (-ой), уве́ренный в себе́, (у)соверше́нствовать язы́к, попо́лнить/пополня́ть зна́ния

11) **В***ыберите одну из следующих задач.*

а) Вы хотите принять участие в программе Учебный год в России*. Ваш друг считает, что провести учебный год за рубежом – не очень хорошая идея. Разыграйте диалог.*

→ разыгрывать роли, стр. 119

б) Скоро к вам приедет ученик (ученица), который (которая) будет полгода у вас жить и с вами учиться.
Чего вы ожидаете от гостя?
Что важно ему (ей) объяснить о жизни в вашей семье, о школе и т. д.?

12) **С***равните системы образования в Германии и Англии или США.*

1) *Опишите картинку. Что думает девушка? Что думает молодой человек?*

2) *Прочитайте рассказ.*

Любовь с первого взгляда

Это был симпатичный молодой человек. Он пришёл в кино один. Я на него посмотрела. Он тоже посмотрел на меня.
«Ну, начинается, – подумала я. – Любовь с первого взгляда».
Мы вышли из кинотеатра одновременно.
«Вы не скажете, который час?»
«Интересно, – подумала я, – почему они всегда спрашивают, который час, когда хотят познакомиться? А теперь он спросит, как меня зовут, и я отвечу, что меня зовут Лариса. А потом он спросит, куда я иду».
«Вы идёте к метро?» – спросил молодой человек. – «Я тоже».
«Всё правильно, - подумала я. – Сейчас он начнёт меня приглашать. Наверно, он пригласит меня в кафе-мороженое. А потом скажет, что у него дома есть хорошие диски, можно послушать музыку. А потом мы скажем своим родителям, что хотим пожениться. И в нашей молодой семье начнутся первые конфликты. Он захочет жить отдельно, а я со своими родителями. Кто будет помогать мне на кухне, если не моя мама? Кто будет гулять с нашими детьми, если не мой папа? Он скажет: «Не хочу жить со стариками». А я рассержусь. Мои родители – не старики. И пусть он о моих родителях так не говорит».
Мы подошли к метро.
«Вы поедете на метро? – спросила я. – А я – на автобусе».
«Я тоже на автобусе», - ответил он.
«Вот так всегда, - подумала я. – Куда я – туда и он. Я в магазин – и он в магазин, я к подруге – и он со мной. Никакой свободы. А потом родятся дети и тоже будут мне мешать. А я занимаюсь в танцевальном кружке и на курсах японского языка. А потом он скажет, что устал от такой жизни и что ему больше нравится моя подруга Нина...»
«Моя остановка», – сказал он и встал. – «До свидания, спасибо за компанию».
Он вышел из автобуса, а я поехала дальше.
«Все они такие, мужчины, – подумала я. – Когда начинаются первые трудности, они сразу уходят в сторону». Мне было грустно, что любовь с первого взгляда так быстро кончилась.

(по рассказу И. Феóны)

а) Правильно или неправильно? Исправьте неправильные предложения.

1) Молодой человек познакомился с Ларисой в кинотеатре.
2) Он проводил её домой и пригласил её в кафе-мороженое.
3) Молодые люди решили пожениться.
4) Лариса хотела жить со своими родителями.
5) Ларисе стало легче, когда молодой человек вышел из автобуса.

б) Напишите краткое содержание (резюме) рассказа.
в) Понравился ли вам этот рассказ? Обоснуйте ваше мнение.

передавать основное содержание, стр. 100

Гр **3)** *Что думает Лариса? (→ упр. 2)*
а) Закончите предложения. Напишите их в тетрадь. Обратите внимание на формы конъюнктива.

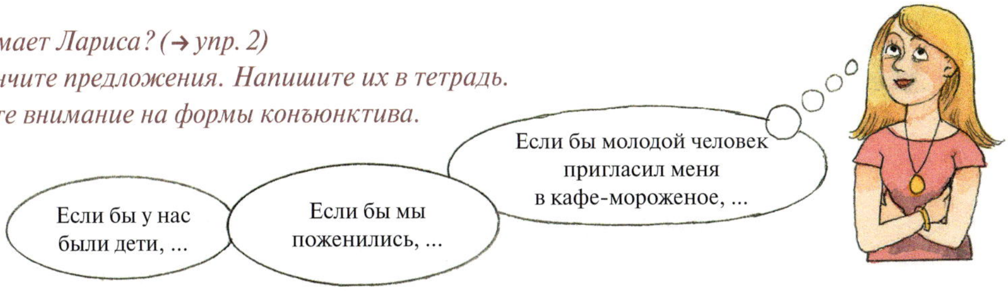

б) Как бы вели себя вы на месте Ларисы или на месте молодого человека? (→ упр. 2)

(П) На месте Ларисы я бы ...
На месте молодого человека я бы ...

4) *Вернувшись домой, Лариса решила найти себе парня по Интернету.*
а) Составьте её анкету на основе рассказа (→ упр. 2).

имя	интересы
возраст	желания
знак зодиака	жизненные приоритеты
обо мне	
кого я хочу найти	

б) А теперь составьте свою анкету.

5) *Прочитайте прилагательные, описывающие черты характера, и скажите, какие из них соответствуют описанию Ларисы, а какие нет. Обоснуйте ваше решение на основе текста (→ упр. 2).*

(П) Лариса – человек, склонный к семейной жизни, потому что она хочет жить со своими родителями (→ ср. ст. 14).

склонный к семейной жизни
самостоятельный
задумчивый
симпатичный
общительный
уверенный в себе
приветливый
независимый
заинтересованный
пессимистичный

6) *Представьте себе, что вы – молодой человек из рассказа (→ упр. 2). Напишите его внутренний монолог.*

Что он думает в этой ситуации? Как он себя чувствует?

7) *Разыграйте встречу Ларисы и молодого человека (→ упр. 2). Если хотите, придумайте другое окончание этого рассказа.*

→ разыгрывать сценку, стр. 119

8) *Прослушайте и прочитайте песню* Электронная любовь *русской группы* Non Stop.

Электро́нная любо́вь – лека́рство от тоски́,
Сма́йлы в эфи́ре, чу́вства онла́йн, в тру́бке гудки́.
ICQ и ме́йлами ста́ли так близки́,
Но сма́йлы засты́ли, не замени́ть не́жность руки́.

Припев:
Электро́нная любо́вь – и дыха́нье затая́.
Электро́нная любо́вь – в э́той сети́, но не любя́.
Электро́нная любо́вь – накрыва́ет с голово́й.
Электро́нная любо́вь – всё по сети́ вме́сте с тобо́й.

Отправля́ю код любви́ бегу́щею строко́й,
В ме́ссендже ми́на или опя́ть что-то со мной.
Бо́льше жи́зни я хочу́ услы́шать го́лос твой,
И неисправи́мо гу́бы мои́ бре́дят тобо́й.

Припев

ICQ и ме́йлами ста́ли так близки́,
До́ступ включи́ли и в се́рдце онла́йн,
Бью́тся гудки́, бью́тся гудки́...

Припев

а) Какую ситуацию изображают песня и картинка?
б) Как вы думаете, почему «электронная любовь – лекарство от тоски»?

9) *Возможна ли любовь по Интернету? Прочитайте мнения из интернет-форума и напишите свой комментарий по этому вопросу.*

Никуля: Между нами – 2000 км... Я – в Москве, а он – в Берлине. Часто общаемся в аське и по телефону... Говорит, что любит... Врёт? Возможна ли любовь через Интернет?

Алина: Я случайно познакомилась с парнем в нете и встречаюсь с ним вот уже второй год, пока всё хорошо.

deep: Без реальной встречи никак нельзя. Какая же это любовь? Познакомиться в инете – можно, встретиться, посмотреть друг на друга, пообщаться. Вот тут, я согласен, может возникнуть любовь. По собственному опыту знаю.

m@lina19: виртуальная любовь – это миф... не приведёт ни к чему... все мы тут просто убиваем время... и спасаемся от временного одиночества...

Аноним: в Интернете ты можешь узнать человека, его характер, его стиль общения. И ты влюбляешься не в его внешность, а в его характер.

максимус: Возможно, он придумал себе образ, возможно, это вообще был не парень, а девушка, возможно, это был седой старик, а возможно – 12-тилетний мальчик. Ты мечтаешь о ком-то, кого в действительности нет. Выйди в реальную жизнь и найди реального человека.

Слова́рная шкату́лка

любо́вь: любо́вь с пе́рвого взгля́да, влюби́ться/влюбля́ться *в кого́?*, встре́титься/встреча́ться *с кем?*, гуля́ть *с кем?* (*разг.*), (по)знако́миться с симпати́чным молоды́м челове́ком (па́рнем, краси́вой де́вушкой), обрати́ть/обраща́ть внима́ние на вне́шность челове́ка, пригласи́ть/приглаша́ть в кино́ (кафе́), пойти́ на свида́ние, име́ть па́рня (де́вушку), пожени́ться, семе́йная жизнь

виртуа́льная любо́вь: иска́ть *кого́? что?* по Интерне́ту, любо́вь по Интерне́ту, виртуа́льная любо́вь без реа́льной встре́чи, вне реа́льности (действи́тельности), мечта́ть *о ком? о чём?* (челове́ке, большо́й любви́), (по)обща́ться *с кем?* (де́вушкой, друзья́ми) *по чему́?* (телефо́ну, Интерне́ту) *где?* (в ча́те, в а́ське)

10) *Прочитайте афоризмы и обсудите их с партнёром. Какой афоризм нравится вам больше других? Почему?*

Любить – это не значит смотреть друг на друга, любить – значит вместе смотреть в одном направлении.

Любовь не знает законов.

Любовь – это бесценный дар. Это единственная вещь, которую мы можем подарить и всё же она у тебя остаётся.

Где любовь, там и слёзы.

Нужно иметь что-то общее, чтобы понимать друг друга, и чем-то отличаться, чтобы любить друг друга.

Не дорог подарок, дорога любовь.

11) *Какие похожие афоризмы на других яыках вы знаете?*

12) *Что для вас важно в жизни?*

а) Проанализируйте результаты интернет-опроса в России и оцените ответы молодых людей в группах.

б) А что важно вам? Почему? Напишите комментарий на сайте опроса.

в) Молодые люди в этом опросе не говорят о путешествиях, о природе. Какую роль играют эти темы в вашей жизни?

г) Проведите в классе опрос на тему Что важнее всего? *Составьте диаграмму к вашему опросу и подготовьте презентацию.*

анализировать статистику, стр. 133

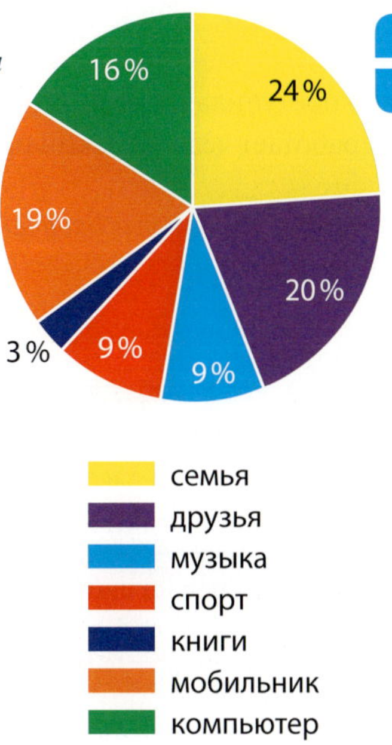

1B Всяк кузнец своего счастья.

1) *Планы на будущее*

а) В международном летнем лагере молодые люди рассказывают о своих планах на будущее. Объясните для остальных, чем они хотят заниматься после окончания школы. М

Таня: Я поступила в университет на медицинский факультет. Я уже сдала вступительные экзамены и начну учёбу первого сентября. Мне очень интересно, как работает наш организм. И я хочу, чтобы на свете было больше здоровых людей.

Hannes: Nach dem Abi will ich erst mal nichts mehr lernen. Praktisches liegt mir mehr. Ich werde mir irgendeinen Job suchen und erst mal ein bisschen Geld verdienen. Danach – mal sehen. Vielleicht eine Ausbildung machen.

Зильке: В моём родном городе Хильдесхайме в университете есть возможность получить два педагогических диплома: российский и немецкий. Класс! Я уже немного говорю по-русски, очень интересуюсь Россией и люблю работать с людьми.

Jenny: I'm not sure what I'll do after graduation. Au-pair? Travel? Practical training[1]? I just haven't had the time to think about it.

Антон: Служить в армии – вот чего я НЕ хочу. Я слышал, что в Германии многие парни вместо военной службы выбирают альтернативную службу и работают, например, в больницах. Мне бы это очень понравилось. Нужно узнать, есть ли такая возможность у нас.

[1] специальная подгововка

б) Чем ребята хотят заниматься после окончания школы и почему? Составьте придаточные предложения причины с союзами потому что; так как; поскольку; из-за того, что. *Запишите их в тетрадь.*

(П) Таня поступила на медицинский факультет, так как ей очень интересно, как работает человеческий организм.

в) А что вы хотите делать после окончания школы? Почему? Разыграйте диалоги.

→ разыгрывать сценку, стр. 119

2) *Как вы считаете, кто из ребят реально сможет…? Обоснуйте ваши мнения, употребляя при этом придаточные предложения.*

- развить свои навыки и умения
- взять на себя социальную ответственность
- научиться жить на свои деньги
- вести домашнее хозяйство
- посмотреть на свою страну другими глазами
- выучить иностранный язык
- помочь людям
- поставить новые цели в жизни

3) Какие ситуации вы можете представить себе как часть своей жизни в возрасте 40 лет?

4) Что ещё важно в жизни?

а) Выберите из приведённых примеров семь самых важных для вас ценностей и обоснуйте свой выбор.

Я считаю, что ... / По-моему ...
Самая важная ценность ...
... более важно, чем ...
На первом/втором/третьем месте ...
... мне очень важно, потому что ...
Для меня ... играет большую роль, так как ...

любовь
семья
счастье
удовлетворение
карьера
деньги
образование
взаимопонимание
власть
успех
друзья
религия
традиции
мир
индивидуальность
безопасность
здоровье
материальное благополучие
богатство

б) Обсудите сначала ваши результаты с партнёром. Потом в классе составьте список самых важных для вас ценностей и представьте его в классе. Какова специфика ценностей вашего класса?

5) Послушайте радиопередачу к теме Добровольная служба за рубежом.

а) Исправьте эти неправильные предложения.

1. Добровольный год можно провести, работая только в социальной сфере.
2. Молодёжь участвует в программе добровольной службы, потому что она не хочет учиться.
3. Молодые люди едут на добровольный год именно в Россию, потому что им бы не понравилось в других странах.
4. Когда немецкие добровольцы вернутся домой, они сделают карьеру.
5. В программе *Добровольный год за рубежом* могут участвовать все молодые люди из Германии.

б) Вы хотели бы участвовать в программе Добровольный год за рубежом*? Почему?*

в) Какая сфера вас наиболее интересует? Какую страну вы бы выбрали? Почему?

г) Вы хотите стать добровольцем в России. Убедите ваших родителей.

6) Проанализируйте карикатуры.

На какие проблемы они указывают? Как вы к ним относитесь?

→ описывать и анализировать карикатуру, стр. 123

Слова́рная шкату́лка

по́сле шко́лы: поступи́ть в университе́т на *како́й?* факульте́т, пройти́/проходи́ть пра́ктику (специа́льную подгото́вку), служи́ть в а́рмии, вы́брать/выбира́ть альтернати́вную гражда́нскую слу́жбу, уча́ствовать в програ́мме доброво́льной слу́жбы, провести́/проводи́ть доброво́льный социа́льный (полити́ческий, спорти́вный, экологи́ческий) год за рубежо́м, путеше́ствовать по ра́зным стра́нам, (с)де́лать карье́ру
резюме́: стать *кем?*, соста́вить/составля́ть резюме́, цель, образова́ние, о́пыт рабо́ты, дополни́тельные све́дения, рекоменда́ция, написа́ть/писа́ть сопроводи́тельное письмо́

7) Профессия, занятия, семья вашей мечты

Опишите день вашего идеального будущего.

8) **Ч***тобы принять участие в программе* Добровольный социальный год, *Нина написала своё резюме. Чем оно отличается от немецкого резюме?*

Нина Сергеевна Леонова
ул. Сивашская,
д. 6, корп. 1, кв. 94,
117638 Москва
e-mail: nsleonova@gmail.com
тел.: 7-095-427-2519

	Резюме
Цель	Заявление на прохождение добровольного социального года с 1 сентября 2011 г. по 30 июня 2012 г.
Образование	
2001-2005	Начальная школа № 1785, Москва
с 2005 года	Гимназия № 1283, Москва окончание в 2012 г. с аттестатом зрелости
Опыт работы	
11.07.-22.07.2011	Практика в больнице № 23
Дополнительные сведения	Иностранные языки: немецкий язык (средний разговорный уровень) английский язык (средний разговорный уровень)
Рекомендация	Учительница Маргарита Владимировна Замерченко, Гимназия № 1283, Москва e-mail: mvzamertschenko@gmail.ru тел.: 7-095-392-8631

9) **П***рочитайте объявление и напишите сопроводительное письмо.*

написать письмо, стр. 135

Практикант с функциями помощника руководителя

Тип работы:	практика
Доход:	5000 руб.
Условия:	бесплатная подготовка, дружный коллектив, офис в центре города, рядом метро, график 5/2 (гибкий).
Требования:	уверенность, обучаемость, коммуникабельность, ответственность
Обязанности:	организация работы офиса, помощь в проведении презентаций, обработка и анализ информации, планирование

Пётр Андреевич Светлов
Город: Екатеринбург
Телефон: 7-343 -468-77-73
e-mail: p.svetlov@yandex.ru

Уважаемый Пётр Андреевич,
- *пишу по поводу объявления в ...*
- *хорошо знаю / умею ...*
- *уверенный в себе*
- *заинтересованный*
- *коммуникабельный*
- *хорошо адаптируюсь в любом коллективе*
- *могу быть полезен ... (чем?)*
- *к письму прилагается ...*
- *задать вопросы или назначить собеседование ...*
- *был бы рад возможности ...*

С уважением, ...

1) Работа и отдых

а) Передайте высказывание древнегреческого философа своими словами.

> Всякий вид работы приятнее, чем покой.
>
> Демокри́т

б) Как вы относитесь к этому высказыванию? Актуально ли оно сегодня?

в) Прокомментируйте карикатуру и объясните русскому другу, что означают понятия «coach potato» и «chillen».

→ описывать и анализировать карикатуру, стр. 123

2) Молодость и старость

а) Как вы понимаете это высказывание Силова́на Рамишви́ли?

> Молодой не знает, что такое старость,
> а пожилой же знает, что такое молодость.

б) Чему могут молодые и пожилые люди учиться друг у друга? Запишите ваши идеи в тетрадь. Потом разыграйте диалоги. Один из вас – молодой, другой – пожилой. Убедите партнёра, что он может научиться у вас бо́льшему.

→ разыгрывать сценку, стр. 119

3) Виртуальная любовь

а) Прослушайте рассказ. Скажите, что правильно, а что неправильно. Исправьте неправильные предложения.

1. У Лены много знакомых по Интернету.
2. Серёжа и Лена общались по аське шесть месяцев, а потом Лена предложила встретиться.
3. Лена решила идти на свидание в красивом красном платье.
4. Лена и Серёжа ходили в кино.

б) Ответьте на вопросы.

1. Почему Лена и Серёжа встретились?
2. Что случилось в парке?
3. Как вы думаете – это мимолётная влюблённость или начало большой любви?

в) Представьте себе, что Серёжа (Лена) ведёт дневник. Что он (она) написал(а) после встречи?

→ делать запись в дневнике, стр. 114

4) *Проанализируйте карикатуры. На какие проблемы они указывают? Как вы к ним относитесь?*

описывать и анализировать карикатуру, стр. 123

а) Придумайте для карикатур подходящие названия.

б) Что говорят друг другу изображённые на карикатурах люди? Придумайте диалоги.

разыгрывать сценку, стр. 119

5) *План карьеры*

а) Без плана трудно добиться успеха, поэтому запишите, какие у вас интересы, навыки и черты характера.

интересы	навыки (знания)	черты характера
компьютер	умею программировать	аккуратность

б) Скажите, какие профессии вам бы подошли (ср. а). Где можно получить необходимое для этого образование? Как долго примерно длится обучение? Каков рынок труда для этих профессий? Посмотрите в Интернете. В маленьких группах представьте ваши планы и обсудите их.

высказывать и обосновывать мнение, стр. 144

6) *Встреча* Одноклассники – 20 лет спустя

а) Что бы вы ответили однокласснику?

б) Что вам важно? Чего вы хотите добиться? Чем бы вы гордились?

в) Двое не пришли на юбилей одноклассников. Как вы считаете, почему? Придумайте их историю.

7) *Можно ли совмещать семью и карьеру? Проведите ток-шоу.*

Традиции нас объединяют.

1) Посмотрите на фотографии и скажите, когда и как отмечают эти праздники в России.

а) Расскажите, что вы знаете о праздничных традициях на Рождество, Новый год и на Пасху.

б) Как эти праздники называются на других языках? SV

в) Расскажите, что вы знаете о рождественских, новогодних и пасхальных традициях в других странах мира.

2) Поздравляю!

а) Прослушайте песню и скажите, о каком празднике в ней поётся. Какое настроение создаёт эта песня?

б) Прочитайте отрывок из этой песни. О какой традиции здесь говорится?

Кто уда́чу ждёт,
Тот счастли́вей ста́нет,
В час под Но́вый год
Загада́й жела́нье.
За окно́м зима́
Одея́лом сне́жным
Се́рые дома́
Так укро́ет не́жно.

слова В. Гра́фчиковой,
музыка Е. Лу́чникова

в) В конце песни звучат пожелания. Что желаете вы своим знакомым, родителям, друзьям на Новый год? Напишите поздравительную открытку.

3) Чаепитие – любимая русская традиция и частый мотив в русском искусстве.

а) Опишите эту картину.

В. Нестере́нко.
Конфе́тки, бара́ночки.
1997 г.

описать и анализировать картину, стр. 121

б) Вам нравится эта картина? Объясните, почему.

1) *Что такое традиция? Объясните на примерах.*

2) *Прочитайте отрывок из дискуссии российских учеников на тему* Что такое традиция? *С чем вы согласны, а с чем нет? Объясните.*

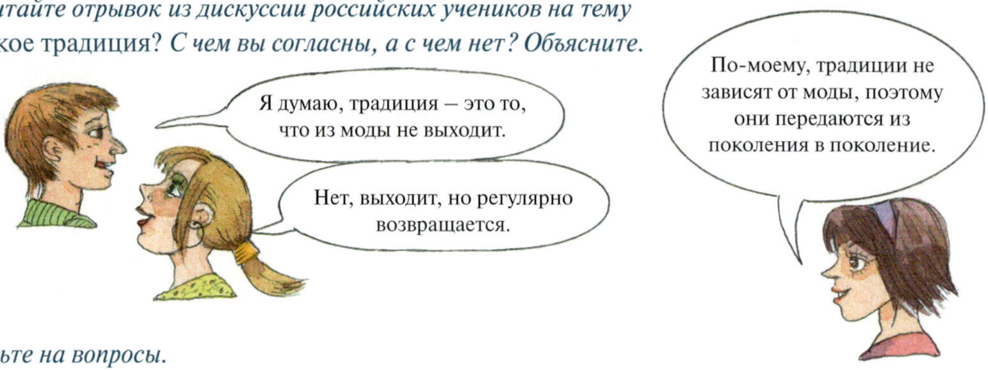

3) *Ответьте на вопросы.*

1. Какие традиционные праздники отмечаются в вашей школе (в вашем городе)?
2. У вас есть любимый праздник? Расскажите о нём.

4) *Маша и Свен говорят о праздниках и праздничной еде в России и в Германии. Прочитайте диалог и ответьте на вопросы.*

1. Что пекут на Пасху в России и в Германии?
2. В какой стране красят яйца?

Свен: У нас по традиции на Рождество пекут пряники.

Маша: А у нас пряники продаются круглый год, как конфеты. Их часто подают к чаю.

Свен: На Пасху у нас красят яйца. А некоторые любят *Osterbrot*. В переводе на русский это *пасхальный хлеб*. Он сладкий.

Маша: Яйца в России тоже красят. А хлеб на Пасху – это странно! У нас на Пасху пекут пасхальные куличи. Такой кулич – это не просто пирог, его украшают буквами *ХВ* или словами *Христос воскрес*. А ещё делают пасху. Пасха – это сладкий пирог из творога с изюмом.

5) *Эти сладости в России часто подают к чаю. Какие из них вы можете найти на картине на стр. 33?*

пряники

сушки

варенье

блины

бублики

6) *Прослушайте песню* Пряники русские. *Что описывается в этой песне?*

анализировать песню, стр. 129

Пря́ники ру́сские

Кто приду́мал тот секре́т,
То́чно неизве́стно.
Мо́жет, ба́бка, мо́жет, дед
Замеси́ли те́сто.
Из муки́ и па́токи[1]
Выпека́ли[2] пря́ники. (3х)

Припев (2х)
Пря́ники ру́сские,
Сла́дкие, мя́тные,
К чаю арома́тному
Угоще́нье зна́тное.

Е́сли хо́лод бушева́л[3],
Стра́нников[4] уста́лых
В ру́сских и́збах согрева́л
Чай из самова́ра.
Ну, а к ча́ю стра́нникам
Подава́ли пря́ники. (3х)

Припев (2х)

Приезжа́йте в го́сти к нам,
От души́ встреча́ем,
Ра́ды мы всегда́ друзья́м,
Ча́ем угоща́ем.
Из муки́ и па́токи
Напечём вам пря́ники. (3х)

слова М. Хоти́мского,
музыка В. Купре́вича

[1] Melasse, Sirup
[2] ср. печь
[3] brausen
[4] Wanderer ср. стра́нствовать

7) *Какие это праздники? Посмотрите на фотографии и подберите к каждой из них соответствующее описание.*

1. С 1965 года в бывшем Советском Союзе отмечался День учителя. С 1994 года в России День учителя – 5 октября.
2. Последний звонок все школы отмечают в мае. Это праздник выпускников – учеников, которые заканчивают школу. С ними празднуют родители и вся школа.
3. День Победы – это праздник, который напоминает о победе над нацистской Германией в Великой Отечественной войне 1941 – 1945 годов. Он отмечается 9 мая.

8) *Подготовьте короткие рефераты о том, как эти праздники отмечаются в России. Найдите и покажите фотографии и открытки из Интернета.*

9) *Некоторые из этих праздников в Германии не отмечают, но есть похожие немецкие праздники. Какие? Сравните их.*

10) *Выпускной вечер – праздник, который бывает только один раз в жизни. Прочитайте тексты разных времён и найдите сходства и различия.*

Светла́на Жу́кова, выпускница 1969 года школы № 234:

Где и как? Выпуск мы отмечали сначала в школе, а потом все вместе до утра гуляли по центру Москвы. Традиции отмечать выпускные в ресторанах не было. Всё было гораздо скромнее. На столах стояли фрукты, пирожные, шампанское. Хотя наши мальчики втихаря́[1] пробовали более крепкие напитки. Потом были танцы, а ночью мы всем классом пошли гулять.

В чём? Платье обязательно должно было быть белым. Тогда начиналась мода на мини. Мы боролись с мамами за каждый сантиметр, хотели платья как можно короче. Наряд мне купили в магазине по бла́ту[2]. Платье было финское, из кримпле́на[3].

За сколько? На мой выпускной вечер мы потратили около 25 рублей. Это была значительная сумма. Мама тогда зарабатывала 167 рублей в месяц.

[1] heimlich

[2] durch Beziehungen

[3] Kunststofffaser

А́нна Само́йлова, выпускница 2009 года школы № 532:

Где и как? Выпускной был впервые на Красной площади. Сюда пришли 5 тыс. лучших выпускников города Москвы, получивших «золотые» и «серебряные» медали. После выступления президентского оркестра начался грандиозный концерт, который в 12 часов ночи закончился фейерверком. Потом была дискотека, конкурсы и сюрпризы до утра.

В чём? Всё напоминало если не карнавал, то показ моды: почти свадебные платья и экстремальные вещи откутюр. Моё платье в этот вечер отражало мой характер и моё настроение. Платье было лёгкое, бирюзо́вого[1] цвета, с юбкой-полусолнце чуть ниже колен.

За сколько? Моё платье стоило 10 тыс. рублей. Затраты на вечер и подарки для учителей составили ещё 6 тыс. рублей. Мои родители зарабатывают 50 тыс. рублей.

[1] türkis

11) *Как вы считаете, выпускной вечер – традиционный праздник? Объясните.*

12) *В Германии выпускники часто устраивают Abistreich. В России такой традиции нет, поэтому нет точного перевода этого слова. Объясните по-русски, что это такое и приведите примеры «шалостей выпускников».* M

13) Это было много лет назад…

а) Прочитайте отрывок из стихотворения и скажите, какой теме он посвящён.

То бы́ло мно́го лет наза́д.
Я то́же в пе́рвый раз
С толпо́ю све́рстников – ребя́т
Яви́лся в шко́льный класс.

Умча́лись шко́льные года́,
И не дого́нишь их.
Но я встреча́ю иногда́
Това́рищей свои́х.

И мы, встреча́ясь, вся́кий раз
О шко́ле говори́м ...
– Ты по́мнишь, как учи́ли нас
И как не знал я, где Кавка́з,
А ты не знал, где Крым?

Мы ста́ли взро́слые тепе́рь,
Нам де́тства не верну́ть.
Нам шко́ла в жизнь откры́ла дверь
И указа́ла путь.

Но, провожа́я в шко́льный класс
Тепе́рь свои́х дете́й,
Мы вспомина́ем ка́ждый раз
О ю́ности свое́й.

С. Михалко́в

б) Объясните метафору.
Нам школа в жизнь открыла дверь
И указала путь.

14) О чём говорят ваши родители, когда вспоминают о своих школьных годах? Сравните с вашими школьными годами.

Слова́рная шкату́лка

пра́здник: отме́тить/отмеча́ть пра́здник, пра́здновать собы́тие, печь пря́ники, встреча́ть (угоща́ть) пирога́ми, украша́ть пасха́льный кули́ч, кра́сить я́йца, пра́здничное настрое́ние, (серде́чное) пожела́ние, (вели́кое) собы́тие, поздра́вить/поздравля́ть с пра́здником, ходи́ть в го́сти, приглаша́ть госте́й, люби́ть тради́ции
шко́льные го́ды: зави́сеть от мо́ды, выходи́ть из мо́ды, кре́пкие напи́тки, пойти́ гуля́ть, купи́ть по бла́ту, после́дний звоно́к, выпускни́к, выпускни́ца, выпускно́й ве́чер
взро́слая жизнь: проводи́ть/провожа́ть дете́й, вспомина́ть о ю́ности

15) Представьте себе, что прошло уже 10 лет с тех пор, как вы окончили школу, и вы идёте на встречу с вашими бывшими одноклассниками. О чём вы будете говорить? Составьте диалоги.

путешествия · учёба · свободное время · праздники · успехи · интересы · традиции · дети · родители · профессия · семья

16) Социальная сеть одноклассники.ru – один из самых посещаемых русскоязычных сайтов. Каждый день этот сайт посещают более 10 миллионов человек. Как вы думаете, почему этот сайт так популярен?

одноклассники.ru

2Б К чему стремится молодёжь?

1) *Прочитайте статью о жизненных целях современной российской молодёжи и объясните её заголовок.*

Нетерпение и труд

Социологи нарисовали портрет современной российской молодёжи. Их главный вывод не удивляет: говорить о «молодёжи вообще» – всё равно что мерить среднюю температуру по больнице.

Однако, по жизненным целям социологи выделили среди молодёжи несколько групп.

Молодых людей первого типа можно назвать «семейными». Таких – 32 процента. Они прежде всего хотят создать семью и воспитать хороших детей. Правда, семья очень много значит практически для всех россиян. Социологи назвали «семейными» тех, кто стремится к этой цели в первую очередь.

«Энергичные» (20 %) – это россияне в возрасте от 17 до 26 лет, которые хотят создать собственный бизнес, побывать в разных странах мира, стать богатыми и успешными людьми.

«Работники» (18 %) – это молодые люди, для которых важнее всего получить хорошее образование, престижную и интересную работу. «Спокойные» (10 %) – молодые россияне, для которых в первую очередь важно иметь много свободного времени и проводить его в своё удовольствие.

20 % молодёжи – «максималисты», которые хотят достичь успехов практически во всём. Особая ценность для современной молодёжи - возможность заниматься любимым делом. По крайней мере, добиться такой цели хотели бы 98% молодых людей. Кроме того, 60% считают, что лучше выделяться среди других и быть яркой индивидуальностью, чем «жить как все». За последние годы таких потенциальных «белых ворон» стало больше.

Что явно отличает молодое поколение от старшего, это способность к риску ради успеха. 51 процент молодых людей считает, что риск – благородное дело. Наоборот, большинство старших (63 %) говорят, что рисковать не надо никогда – карьеру надо строить постепенно. «Терпение и труд всё перетрут» – так говорится в русской поговорке. Современная российская молодёжь, видимо, не очень в это верит.

2) *Кто здесь кто? Подберите название к каждой картинке: семейный, работник, энергичный, спокойный, максималист.*

1 2 3 4 5

3) *Составьте диаграмму с названиями групп российской молодёжи (→ упр. 1).*

4) *Передайте главную информацию из текста своими словами.*

→ передавать основное содержание текста, стр. 100

5) *Похож ли портрет российской молодёжи (→ упр. 1) на молодёжь в Германии? Обсудите.*

высказывать и обосновывать мнение, стр. 144

6) *В тексте вы прочитали поговорку «Терпение и труд всё перетрут». Как вы считаете, эти немецкие поговорки можно использовать как перевод?*

Kommt Zeit, kommt Rat.

Mit Geduld und Zeit kommt man weit.

7) *«Белая ворона»*

а) В тексте (→ упр. 1) вы прочитали выражение «белая ворона». Как вы понимаете эту характеристику?

б) Сравните её значение с немецким выражением «schwarzes Schaf».

8) *Многие молодые люди хотят выделяться среди других. Как можно достичь этой цели? Объясните с помощью примеров.*

вкус | язык | стиль | одежда | характер | причёска | интересы | внешний вид | поведение

9) *Объясните карикатуру.*

10) *Татуировка – это способ самовыражения.*

а) Прослушайте передачу радиостанции Динамит FM (DFM 103,4) и сделайте заметки. По каким причинам радиослушатели носят тату и пирсинги?

б) Опишите ваш опыт и выскажите ваше мнение на эту тему.

11) *Разделитесь на группы и подготовьте ток-шоу на тему* Тату и пирсинг: Красота или опасность?

разыгрывать сценку, стр. 119

Возможные роли: папа, мама, врач,
подросток, который решил сделать пирсинг (тату),
одноклассник, у которого есть пирсинг и (или) тату.

12) *Посмотрите на кадры из фильма* Стиляги *(2008 г.) и опишите их. Как вы думаете, о чём идёт речь в этом фильме?*

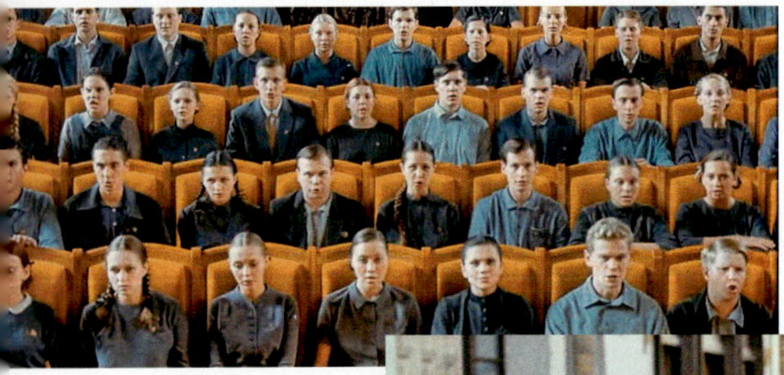

13) *На плакате к фильму нет информации о сюжете. Прочитайте текст, который объясняет успех фильма* Стиляги, *и ответьте на вопрос. Что можно написать на рекламном плакате к фильму* Стиляги, *чтобы заинтересовать молодёжную публику?*

Яркие против серых, индивидуалисты против массы – вот сюжет фильма-мюзикла *Стиляги*, который имел большой успех в России.
Стиляги – это молодёжная субкультура в СССР в 1950-х годах, которая отличалась любовью к американской музыке, моде и западному образу жизни. Но успех фильма объясняется не модой на ретро, а своей актуальностью для всех, кто любит свободу. Поэтому нельзя сказать, что этот фильм о молодёжи – молодёжный фильм.

14) *Что волнует современную молодёжь?*

а) В газете Аргументы и Факты *была напечатана статья. Объясните цитату из этой статьи и приведите конкретные примеры из вашего опыта.*

Молодёжи нужно давать не рыбу, а удочку.

б) Прочитайте отрывок из этой статьи и сравните его с вашими примерами. Вы согласны с этой рекомендацией?

Некоторые социологи рекомендуют как можно раньше, может даже в школьные годы, давать подросткам работу. Нужно, чтобы молодёжь поняла, что радость можно получать не только от тусовок, но и от того, что сделал что-то своими руками, получил признание. Молодёжи нужно давать не рыбу, а удочку.

15) **К**акие аргументы за и против работы в школьные годы вам известны? Запишите ключевые слова в тетрадь.

16) **П**рочитайте комментарии читателей на эту тему. С чем вы согласны, а с чем нет?

Аня:	Поиск работы – это тоже работа. Только бесплатная! В летние каникулы я две недели искала работу, ничего не нашла. Жалко, зря время потратила!
Николай:	@Аня: Почему зря? Негативный опыт – тоже важный опыт. В будущем будешь знать, что работу нельзя искать в последний момент.
Аня:	Это ты моей маме расскажи. Она ответит: до каникул школьники должны учиться и получать хорошие оценки, а не работу искать!
Таня:	После уроков молодёжь должна отдыхать или заниматься спортом. Успеют ещё поработать, когда закончат школу. Много-много лет!
Андрей:	Мне важно чувствовать себя независимым от родителей, поэтому я сам зарабатываю себе на карманные расходы.
Катя:	Правильно. Когда я зарабатываю собственные деньги, я чувствую себя взрослой.
Саша:	Работа для школьников обычно не очень интересная. Как скучно, например, раздавать рекламные листовки!

Слова́рная шкату́лка

молодёжь: портре́т совреме́нной молодёжи, о́браз жи́зни, вне́шний вид, выделя́ться среди́ други́х, быть я́ркой индивидуа́льностью, «бе́лая воро́на», чу́вствовать себя́ незави́симым (взро́слым)
жи́зненные це́ли: стреми́ться к це́ли, быть энерги́чным, жить споко́йно, рабо́тник, максимали́ст, созда́ть семью́, дости́чь успе́хов, заслужи́ть уваже́ние, получи́ть образова́ние, доби́ться призна́ния, зараба́тывать де́ньги, найти́ интере́сную рабо́ту

17) **П**роведите в классе опрос на тему Что вам важно в жизни?, употребляя названия из статьи (→ упр. 1), и составьте диаграмму. Сравните ваши результаты со статистикой из статьи.

18) **У**ха́ – это традиционный русский суп из рыбы. Объясните карикатуру.

Молодёжи нужно давать не удочку, а информацию.

2B Краткость – сестра таланта.

1) *Какую историю вы себе представляете, глядя на эту иллюстрацию? Придумайте заглавие к картинке.*

2) *Прочитайте рассказ* Злой мальчик *и сравните содержание рассказа с вашими идеями (→ упр. 1).*

Ивáн Ивáнович Лáпкин, молодой человек, и Áнна Семёновна Замбли́цкая, молодая девушка, спустились вниз по берегу, сели у воды и сразу начали ловить рыбу. Прекрасное место! Сели вы тут, и никто вас не видит.

– Я рад, что мы наконец одни, – начал Лапкин. – Я должен сказать вам многое, Анна Семёновна... Очень многое... Когда я увидел вас в первый раз... У вас клюёт... Я понял тогда, для чего я живу, понял, где мой кумир, которому я должен посвятить свою честную жизнь... Это большая клюёт... Когда я увидел вас, я полюбил впервые! Скажите мне, моя дорогая, могу ли я рассчитывать на... Тащите!

Анна Семёновна подняла вверх руку с удочкой и вскрикнула. Перед ней блеснула серая рыбка.

– Боже мой! Ай, ах... Скорей! Сорвалась!

Рыба сорвалась, запрыгала по берегу и... в воду!

Лапкин, вместо рыбы, как-то нечаянно схватил руку Анны Семёновны, нечаянно поцеловал её... Та отдёрнула, но уже было поздно: их губы нечаянно встретились. За поцелуем следовал другой поцелуй... Счастливые минуты!

Но в этой жизни нет ничего абсолютно счастливого. Так и на этот раз. Когда молодые люди целовались, вдруг кто-то засмеялся. Это был Коля, гимназист, брат Анны Семёновны. Он стоял в воде, смотрел на молодых людей и улыбался.

– А-а-а... вы целуетесь? – сказал он. – Хорошо же! Я скажу маме.

– Надеюсь, что вы, как честный и благородный человек... – начал Лапкин, краснея.

– Дайте рубль, тогда не скажу! – сказал благородный человек.

Лапкин вынул из кармана рубль и дал его Коле. Тот взял рубль и поплыл.

И молодые люди на этот раз уже больше не целовались.

На другой день Лапкин привёз Коле из города краски и мячик, и сестра тоже сделала ему подарки. Злому мальчику всё это очень нравилось, и, чтобы получить ещё больше, он стал наблюдать. Куда Лапкин с Анной Семёновной, туда и он. Ни на минуту не оставлял их одних.

– Подлец! – возмущался Лапкин. – Что же из него дальше будет?!

Весь июнь Коля мешал бедным влюблённым. Он наблюдал и требовал подарков; и ему всё было мало.

Как-то раз за обедом, когда подали вафли, он вдруг засмеялся и спросил у Лапкина:

– Сказать? А?

Лапкин страшно покраснел и зажевал вместо вафли салфетку. Анна Семёновна убежала в другую комнату.

Всё это длилось до конца августа, до того дня, когда, наконец, Лапкин сделал Анне Семёновне предложение. О, какой это был счастливый день! Лапкин поговорил с родителями Анны Семёновны, получил согласие и прежде всего побежал искать

Колю. Он нашёл его в саду, чуть не заплакал от восторга и схватил злого мальчика за ухо. Прибежала Анна Семёновна, которая тоже искала Колю, и схватила за другое ухо. И нужно было видеть наслаждение на лицах у влюблённых, когда Коля плакал и умолял их:

– Миленькие, не буду! Ай, ай, простите!

И потом оба они говорили, что за всё время, пока были влюблены друг в друга, они ни разу не испытывали такого счастья, как в те минуты, когда таскали злого мальчика за уши.

(по мотивам рассказа А. П. Чехова «Злой мальчик»)

3) *Скажите, что правильно.*

1. Время действия рассказа –
   А зима.
   Б лето.
   В осень.

2. Место действия в начале рассказа –
   А в саду.
   Б у воды.
   В на даче.

3. Автор описывает
   А день свадьбы.
   Б проблемы с родителями.
   В взаимоотношения людей.

4. Главная мысль рассказа –
   А слабость характера.
   Б честь семьи.
   В цена любви.

4) *Посмотрите на иллюстрации к* Злому мальчику *и опишите их в том порядке, в котором происходит действие в рассказе.*

5) *Сформулируйте тему рассказа в одном предложении.*

6) *Расскажите, что вы узнали о злом мальчике.*

→ составлять характеристику, стр. 111

имя	возраст	поведение	отношение к другим	важные черты характера

7) *Найдите в рассказе место, где Лапкин признаётся в любви.*
Как вы считаете, может ли Анна Семёновна ему верить? Объясните.

Гр 8) *Любить, полюбить, разлюбить*

а) Найдите в рассказе глаголы с приставками по-, у-, за- *и переведите их.*

б) Подберите к каждому глаголу однокоренные глаголы с другими приставками и глагол другого вида. Используйте словарь.

(П) я полюбил впервые – полюбить/любить; разлюбить, влюбиться

9) *«Злой мальчик»*

а) Посмотрите современную версию рассказа Злой мальчик *и ответьте на вопросы.*

1. Когда и где происходит действие фильма?
2. Кто главные герои (возраст, профессия)?
3. Расскажите, что вы узнали о «злом мальчике» из фильма (его имя, возраст, происхождение, внешность, интересы, поведение и отношение к другим, важные черты характера).
4. В чём состоит актуальность фильма *Злой мальчик*?

б) Напишите краткую рецензию на этот фильм.

→ анализировать фильм, стр. 140

10) *Прочитайте текст о Чехове и скажите, кем он хотел стать в юности.*

Антон Павлович Чехов – один из самых известных русских писателей. Но он был не только писателем. У него была ещё одна профессия. Соответствующее образование он получил в Московском университете. Сам А. Чехов говорил, что не помнит, почему он выбрал эту профессию, но никогда не сомневался, что выбор был правильным.
У А. Чехова-студента было мало денег, и он начал писать рассказы, чтобы заработать. В ноябре 1884 года А. Чехов сдал последние экзамены и на двери его квартиры появилась надпись: «Доктор А. П. Чехов».
Ещё в студенческие годы он ходил на практику в больницу, а теперь он мог принимать больных дома.

Памятник А. Чехову
в Баденвайлере

11) *Найдите информацию о том, почему в немецком городе Баденвайлере (Баден-Вюртемберг) есть музей А. Чехова и памятник писателю.*

12) *Русский турист нашёл брошюру и хочет знать, о чём в ней идёт речь. Объясните, как Баденвайлер хранит память о Чехове.* М

Der Kurort Badenweiler in Baden-Württemberg besitzt eine über 100-jährige Gedenkkultur für diesen Mitbegründer der literarischen Moderne. Hier wurde 1908 das weltweit erste Denkmal für ihn errichtet, hier finden internationale Tschechow-Kongresse statt, hier existiert das einzige Museum für ihn in Westeuropa. In Badenweiler wurde die Deutsche Tschechow-Gesellschaft gegründet. Die Stadt pflegt intensive Beziehungen zu Tschechow-Orten in der ganzen Welt, vor allem zu Taganrog, Tschechows Geburtsstadt, die auch Kulturpartnerstadt des Heilbads ist.

Слова́рная шкату́лка

расска́з: де́йствие происхо́дит, лови́ть ры́бу, клева́ть, тащи́ть ры́бу, поцело́вать ру́ку, поцелу́й, благоро́дное поведе́ние, наблюда́ть за влюблёнными, сде́лать предложе́ние, получи́ть согла́сие, схвати́ть за у́хо, получи́ть наслажде́ние, прости́ть ма́льчика, опи́сывать вне́шность (черты́ хара́ктера)
А. Че́хов: вы́брать профе́ссию, ходи́ть на пра́ктику в больни́цу, принима́ть больны́х, музе́й А. Че́хова, па́мятник писа́телю

13) *Распределите роли: Иван Лапкин, Анна Замблицкая и Коля (→ упр. 2). Приготовьте ролевые карточки и разыграйте действие рассказа.*

→ разыгрывать сценку, стр. 119

14) *Сравните фильм* Злой мальчик *(→ упр. 9) с рассказом А. Чехова (→ упр. 2).*

	рассказ	фильм
главные герои и их интересы	???	???
время и место действия	???	???

15) *Представьте себе, что в вашей школе проводится «День открытых дверей». Чтобы представить на нём русский язык, сделайте коллаж на тему* Жизнь и творчество А. Чехова *и представьте его одноклассникам.*

А. ЧЕХОВ – ВРАЧ

Возможные темы коллажа:

А. Чехов – писатель и драматург

А. Чехов – места жизни и памятники

1) *Какое слово скрывается за занавесом? Приведите примеры для каждого названия.*

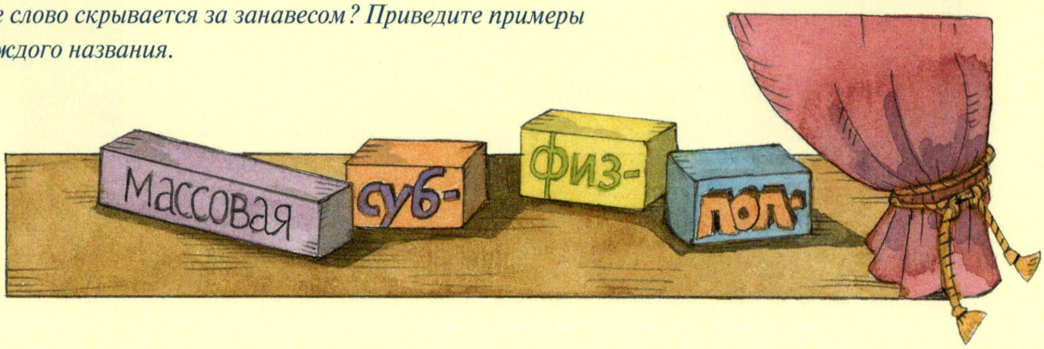

2) *Культурный человек*

а) Объясните эту цитату А. Чехова и скажите, согласны ли вы с ней.

«Культурный человек – не тот, кто не разливает соус на скатерть, а тот, кто не замечает, как это делают другие.»

б) А как вы понимаете выражение «культурный человек»? Приведите примеры.

3) *Чаепитие – любимая русская традиция. Объясните эти поговорки.*

Чай пьёшь – до ста лет проживёшь.

Праздничный стол без чаепития – это как дырка без бублика!

4) *Есть праздники, на которые обычно дарят цветы. Назовите их. Вам нравится эта традиция? Объясните, почему.*

5) *«А у нас – по-другому!» Посмотрите на картинки и объясните, где изображена русская традиция, а где немецкая. Выберите правильную подпись для каждой картинки.*

– Это наши первоклассники идут в школу с цветами.
– В этот день первоклассники получают в подарок сладости.

6) *Свадьба – один из самых традиционных праздников.*
Какая русская традиция изображена в этом стихотворении?
Сравните со свадебными традициями в Германии.

– Го́рько! Го́рько! – им крича́т круго́м,
И не́куда от во́згласов дева́ться:
Тако́в обы́чай – на́до целова́ться
При всех за шу́мным сва́дебным столо́м.

С. Щипачёв

7) *Ещё до того, как появилось слово «глобализация», многие традиции путешествовали по странам и континентам и переходили из одной культуры в другую. Говорят, например, что Масленица для русских – то же, что Карнавал для итальянцев.*
а) Посмотрите на фотографии и скажите, традиция без границ – возможно ли это?

Венеция

Рио де Жанейро

Москва

Кёльн

б) Какую роль играют традиции в глобальном мире?

Карнавал культур в Берлине

в) Какую роль играют традиции в вашей жизни?

в семье	в школе	в городе (регионе)

До чего дошёл прогресс...

1) *Интернет – да или нет?*

а) Прокомментируйте стихотворение. О какой проблеме в нём говорится?

Познако́мились мы в ча́те.
Ты предста́вилась как Ка́тя.
Оказа́лось, ты – Серге́й.
Ах, како́й же ты злоде́й!

б) Какие плюсы и минусы пользования Интернетом вы можете назвать? Приведите примеры.

в) Расскажите, что значит для вас Интернет?

опасность

трата времени

развлечение

проблемы

необходимая информация

безграничные возможности общения

2) *Посмотрите на фотографии и скажите, какие изобретения вы считаете наиболее важными. Объясните, почему.*

Атомная электростанция

спутник

ноутбук

телевидение

мобильный телефон

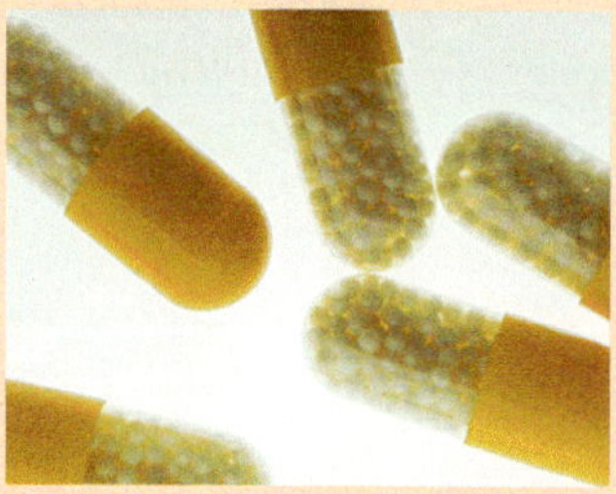

антибиотики

а) Без какого из этих изобретений вы не представляете себе своей жизни? Объясните, почему.

б) Если бы вы были изобретателем, учёным, что бы вы изобрели?

3) **Ч**еловек – царь природы.

а) Прочитайте высказывание российского биолога Ива́на Мичу́рина.

Высшее призвание человека состоит в том, чтобы не только объяснить, но и изменить мир, – сделать его лучшим.

б) Обсудите в классе, какие последствия может иметь стремление человека всё вокруг понять и изменить «к лучшему». Всегда ли он изменяет мир к лучшему?

4) **М**ир вокруг нас

а) Опишите фотографии. Придумайте к ним заголовки. Какие из них вызывают у вас положительные, а какие – отрицательные эмоции? Почему?

б) Опишите ваши любимые уголки природы, принесите фотографии и расскажите, чем они особенны.

1) *Прочитайте рассказ Сергея.*

Вирус

Проснулся я рано утром. Воскресенье. Делать нечего. Зайду, думаю, в Интернет. Включил компьютер. И тут началось. Я хотел к реферату по истории подготовиться, а скачать ничего не могу. Википедии и след просты́л[1]. Ни одна знакомая веб-страница не загружается. В *youtube* показывают одну рекламу. Ну всё, думаю, вирус! Решил Артёму мы́ло[2] написать. Это друг мой, хакер. Но вместо слов одни смайлики на экране. Дай, думаю, зайду в блог Артёма. Зашёл и не поверил своим глазам: у него новый ник «пупсик». Совсе́м от рук отби́лся![3] Я позвонил ему. Он взял трубку и сонным голосом сказал: «Артёма нет дома. Он в летний лагерь уехал». «Куда?» - спрашиваю. «Да, да, да...» - эхом повторил Артём. Всё, думаю, вирус даже в мозг человека проникает. А ещё вчера с ним чатились.
Захожу в свой блог, и там тоже странные вещи происходят. Блог мой китайскими иероглифами написан, и аватар новый: в центре ангел с крылышками, а вокруг розовые серде́чки[4]. Ужас! Страшно мне стало.
Хотел в форуме почитать, как от этого вируса лечиться. Но не ту́т-то бы́ло.[5] Тут на экране знакомые аватары из *SecondRussia* появились. Присмотрелся и понял: и тут вирус поработал. У всех аватаров лицо нашей директри́сы[6]. Она меня терпеть не может. Со́фья Степа́новна, лет ста пятидесяти, наверное. И говорят мне аватары её голосом: «Вставай, Серёженька, опять в школу проспишь!» Вот это вирус!

[1] auf und davon (über alle Berge) sein
[2] *разг.* e-mail (электро́нная по́чта)
[3] *übertr.* aus dem Ruder geraten
[4] *ср.* се́рдце
[5] *ugs.* Hat sich was. Von wegen. Nichts da.
[6] *разг.*, *ср.* дире́ктор

2) *Чего из этого НЕ было в рассказе?*

1. Википедия исчезла.
2. Артём помог Сергею.
3. Аватары изменились.
4. В *youtube* показывали мультфильмы.
5. Блог Сергея написан иероглифами.
6. Сергей не нравится директору школы.

3) *Нарисуйте аватар рассказчика. Почему Сергею не понравился этот аватар?*

4) *Расставьте события рассказа в хронологическом порядке.*
Используйте такие слова, как сначала; потом; после того, как; наконец.

Сергей позвонил одному своему другу.
Он хотел подготовиться к реферату.
Сергей зашёл в блог Артёма.
Появились аватары с лицом Софьи Степановны.

5) *Вы – Сергей. Напишите ключевые слова и расскажите Артёму, что с вами случилось.*

делать заметки, стр. 99

6) *Выпишите слова из текста, которые относятся к теме* компьютер. *Объясните их значение.*

7) Виртуальный мир, виртуальный человек

а) Какую функцию выполняют аватар и ник в Интернете?

б) Посмотрите на эти аватары из Рунета и опишите их стиль.

агрессивный, юмористический, романтический,
в детском стиле, из поп-культуры, политический,
в стиле фэнтези, ностальгический, аватар болельщика и т. д.

в) Какие аватары выбрали бы себе вы? Найдите идеи в Интернете или нарисуйте свои аватары. Соберите картинки и проанализируйте их. Угадайте, кому из группы принадлежит каждая из них.

8) Подберите логическое продолжение к началам заголовков газетных статей об Интернете. Какую из этих статей вы хотели бы прочитать? Почему?

1. Чем больше компьютерных игр,	а) к виртуальному любовнику.
2. Жена ушла из семьи	б) тем меньше друзей в реальной жизни.
3. 37 % подростков проводят ежедневно	в) симптомы нашего времени.
4. Интернет-зависимость и игромания –	г) больше трёх часов в Интернете.

9) Тобиас приехал в гости к Егору. Бабушка Егора удивляется, сколько времени Тобиас сидит за компьютером.

а) Разыграйте диалог. M

разыгрывать роли, стр. 119

Бабушка:	Егорка, почему твой друг всё время сидит за компьютером?
Егор:	Tobias, meine Oma wundert sich, dass du so lange vorm Computer sitzt.
Тобиас:	Sag ihr, dass ich eine E-Mail an meine Freundin geschrieben habe. Davor wollte ich ein Buch kaufen. Aber das hat nicht geklappt. Ich muss noch den Stadtplan herunterladen, damit ich morgen ohne dich ins Kino kann. Ach ja, ich habe auch noch die Fotos von gestern in meinen Blog hochgeladen.

б) Расскажите партнёру, сколько времени вы в среднем сидите за компьютером. Для чего он вам нужен во время учебного года, а для чего – в свободное от школы время? Сделайте заметки о привычках своего партнёра на отдельном листе. Потом соберите все листы и составьте статистику пользования компьютером в вашем классе.

10) Отключили в доме ток ...

а) Прослушайте и прочитайте стихотворение. Подберите к нему заглавие.

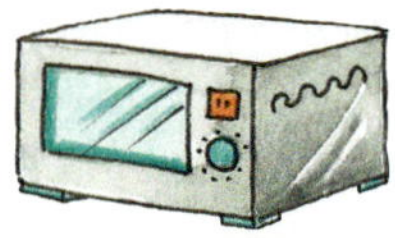

Отключи́ли в до́ме ток.
Я в растéрянности весь.
Не войти́ в люби́мый блог.
Это чья́-то зла́я месть!

Тéлик[1] то́же не включи́ть.
Макаро́ны не свари́ть.
И носки́ не постира́ть.
Остаётся то́лько спать.

В то́стере суха́рь застря́л.
Холоди́льник тёплым стал.
В *Wii* тепе́рь не поигра́ть.
Чем же мне себя́ заня́ть?

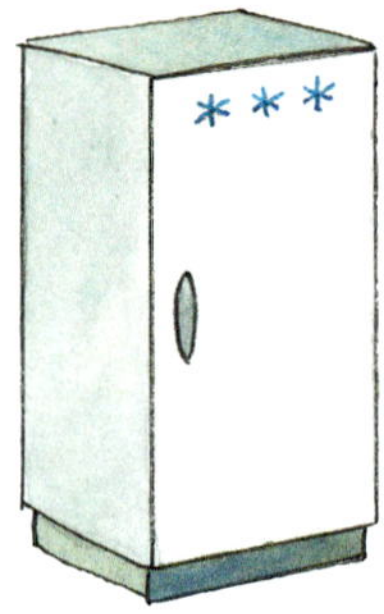

Я моби́лку в ру́ки взял.
Но и здесь большо́й прова́л:
Я её не заряди́л.
День свой про́сто погуби́л.

Не идти́ же мне гуля́ть!
Ну, не кни́ги же чита́ть!
Подключи́те[2], лю́ди, ток!
У меня глубо́кий шок.

[1] *разг., ср.* телевизор

[2] *hier:* Strom wieder einschalten

б) Какие приборы на рисунке были названы в стихотворении? Какие не были названы?

в) Какие проблемы у «лирического Я»? А как бы поступили вы в такой ситуации? Начните так: Из-за того, что не было тока, он ... . А я бы ... .

11) Скажите то же самое в нейтральном стиле.

1. Вчера вечером по *телику* шёл фильм.
2. Поставь суп в *микроволновку*, есть хочу.
3. Вся одежда в *стиралке*.
4. Братец часами сидит перед *компом*.
5. Я *СМСнула* маме.
6. Дай мне *мобилу*, другу позвонить надо.

12) Какие приборы важнее и нужнее всего? На этот вопрос ответила семья Саратовых из России. Послушайте, что они сказали, и запишите, какие электроприборы они назвали.

13) Для чего нужны эти приборы?

а) Напишите на карточках названия приборов и технических изобретений. Обменяйтесь карточками и объясните, для чего нужен тот или иной прибор.

(П) Благодаря телефону мы можем общаться с людьми из разных стран.

1. с помощью *чего?* можно *что делать?*
2. благодаря *чему?* можно *что делать?*

Слова в помощь: сохранять свежесть продуктов, гладить бельё, стирать бельё, сушить волосы, размораживать (готовить, разогревать) еду, пылесосить, мыть посуду, варить кофе, звонить другу, отправлять СМС, писать e-mail, смотреть фильмы, печатать документы, играть в компьютерные игры, поджаривать хлеб, совершать перелёты, путешествовать, фотографировать и т. д.

б) Придумайте рекламу оригинального изобретения (например, самокат-холодильник).

Слова́рная шкату́лка

быт: электри́чество, свет, прибо́р, вещь *f.*, утю́г, фен, привы́чка, заряди́ть батаре́йку, включи́ть/включа́ть, вы́ключить/выключа́ть, по́льзоваться *чем?*, по́льзование *чем?*, по́льзователь *m. чего́?*
Интерне́т: обще́ние, по́иск, да́нные, страни́ца, сайт, сеть *f.*, ссы́лка, зайти́/заходи́ть *куда́?*, загрузи́ть/загружа́ть файл, скача́ть/ска́чивать, храни́ть *что? где?*, защити́ться/защища́ться *от чего́?*, лечи́ться *от чего́?*, увлека́ться *чем?*, предпочита́ть *что? чему́?*, риск, рискну́ть/рискова́ть *чем?*, (без)опа́сный, (не)осторо́жный, для того́, что́бы де́лать *что?*, благодаря́ *чему́?*, с по́мощью *чего́?*, из-за *чего́?*, вме́сто *чего́?*

14) А как люди жили раньше? Что они использовали вместо современных приборов? Начните так: Из-за того, что не было ..., люди ... Вместо ..., люди использовали ... для того, чтобы ...

15) Напишите своё продолжение и конец рассказа Вирус (→ упр. 1).

написать сочинение, стр. 116

1) Проблемы экологии

а) Прочитайте сообщения из интернет-форума и определите, какие проблемы в них обсуждаются. На какие темы нет ни одного сообщения?

- глобальное потепление
- экстремальные погодные явления
- генетически модифицированные продукты
- источники энергии
- загрязнение воды, воздуха, земли
- редкие и исчезающие виды животных и растений
- пожар, наводнение
- заповедники
- мусор
- запасы природных ресурсов

Piter
09.12. 11:24

Нужно, чтобы дети в школе знакомились с Красной книгой и уже с детства знали, сколько зверей, птиц и растений в опасности. Многие из них скоро исчезнут с лица земли...

Космос
09.12. 12:02

Учёные подсчитали, что запасов нефти на планете надолго не хватит. А растущая промышленность требует всё больше и больше энергии. Мы должны сделать всё, чтобы сохранить природные ресурсы для наших потомков. Люди, экономьте электроэнергию!

Прогресс
10.12. 20:54

У нас в Бурятии много заповедников. Недавно в Интернете прочитала и не поверила: «Заповедники плохо влияют на экономику страны. На зверей нельзя охотиться, рыбу нельзя ловить, деревья нельзя рубить. Без заповедников богатства было бы на несколько миллиардов больше». Разве так можно думать???!!!

Чебурашка
10.12. 20:56

Я – москвич. До сих пор у нас никто не сортирует мусор, всё бросают в один контейнер, а потом сжигают. О переработке мусора остаётся только мечтать...
А от пожаров воздух загрязнён, нечем дышать.

ЭвоЛюция
10.12. 21:57

Я учусь на факультете экологии. Хочу в будущем заниматься альтернативными источниками энергии. Солнце и ветер помогут нам спасти планету. Но сегодня в России без атомной энергии – просто никак.

б) Какие картинки и фотографии на стр. 48–49 подходят к темам сообщений?

2) Правильно или неправильно? Исправьте неправильные высказывания.

1. В Красную книгу занесены редкие и исчезающие виды животных и растений.
2. Запасы природных ресурсов Земли никогда не закончатся.
3. Вторичная переработка мусора ещё не распространена в России.
4. В заповедниках можно охотиться на животных.
5. Россия пока ещё не может обойтись без атомной энергии.

3) Найдите синонимы и перифразы.

(П) Заповедник — это (другими словами, иначе говоря) природная территория, которая находится под охраной.

1. охрана природы	а) природные ресурсы
2. альтернативные источники энергии	б) защита окружающей среды
3. полезные ископаемые	в) флора
4. животный мир	г) энергия солнца, ветра, воды
5. растительный мир	д) фауна

4) Напишите своё сообщение на форум (→ упр. 1) о проблемах экологии.

(Не) удивительно, что...	Жаль, что...	Странно, что...
Возмутительно, что...	Страшно, что...	(Не) понятно, почему...

5) К вам приехал друг из России. Он увидел плакат, который вы сделали в школе. Объясните ему смысл тезисов на плакате. М

Viele Tier- und Pflanzenarten sind vom Aussterben bedroht.
Die Bodenschätze sind bald ausgeschöpft.
Man sollte mehr alternative Energiequellen nutzen.
Mülltrennen ist wichtig für die Umwelt.
Umweltschutz beginnt zu Hause: Energie sparen!

Гр 6) Выберите правильный предлог и поставьте существительные в нужном падеже (→ ср. упр. 1).

1. Дети должны знакомиться (Красная книга).
2. Я люблю этот город (детство).
3. Флора и фауна (опасность).
4. Мы сохраним планету (наши дети).
5. Химические отходы влияют (экология).
6. Животные могут исчезнуть (лицо земли).
7. Я учусь (факультет) экологии.

7) Послушайте сообщение об акции Марш парков в московском парке Кузьминки. Закончите предложения.

1. С 1998 года россияне ???
2. В 2008 году в московском парке Кузьминки ???
3. В парке собрали ???
4. На примере собранного мусора экологи рассказали ???
5. Марш парков ежегодно проходит в ???

8) *Если не Вы, не будет Невы!*

а) Прочитайте письмо, которое Гринпис отправил со своей официальной интернет-страницы губернатору Санкт-Петербурга.

Уважаемый губернатор города!

Мы опасаемся купаться в Неве и Финском заливе. Мы не рискуем пить воду из-под крана, потому что знаем, что в Неву сливают свои отходы сотни предприятий. И никто их за это не наказывает. Никто это не контролирует. Мы не хотим, чтобы наши дети и внуки видели такую же грязную реку. Мы не хотим, чтобы авария какого-нибудь танкера на Неве лишила город чистой питьевой воды.
Просим Вас принять меры по улучшению состояния нашей реки.

С уважением, представители организации Гринпис

б) Ваши друзья едут в Санкт-Петербург. Расскажите им на немецком языке, почему авторы письма боятся купаться в Неве и пить воду из-под крана. M

9) *Найдите похожие предложения на русском языке в письме (→ упр. 8) и на форуме (→ упр. 1)*

1. Niemand bestraft die Unternehmen.
2. Niemand kontrolliert die Situation der Newa.
3. Viele Tierarten sind vom Aussterben bedroht.
4. Bis jetzt trennt man den Müll bei uns nicht.

Гр 10) *Ответьте на вопросы. Используйте двойное отрицание.*

(П) – Ты читал(а) статьи российского Гринписа? (ни одна)
– Нет, я не читал(а) ни одной статьи Гринписа.

1. Ты знаешь причины парникового эффекта? (ни одна)
2. Ты покупаешь журнал ГЕО? (никогда)
3. Руководители петербургских предприятий отреагировали на письмо Гринписа? (ни один)
4. Ты видел в магазине мусорные био-пакеты? (никогда)
5. Жильцы этого дома сортируют мусор, перед тем как его выбросить? (никто)

Гр 11) От глагола – к существительному

а) Найдите глаголы, от которых образованы эти существительные.

(П) купание ← купаться

опасение **лишение** **риск**
наказание **слив** **контроль**

б) Скажите иначе. Используйте имена существительные из а).

(П) Никто не контролирует ситуацию. — Ситуация остаётся без контроля.

1. Я не рискую пить воду из-под крана.	Пить воду из-под крана – это ???
2. Никто их за это не наказывает.	Они остаются без ???
3. Я опасаюсь купаться в Неве.	Купание в Неве вызывает у меня ???
4. Предприятия сливают в Неву отходы.	Происходит ??? отходов в Неву.

Слова́рная шкату́лка

приро́да: чи́стый (загрязнённый) во́здух, исто́чник эне́ргии, запа́сы, ресу́рсы, у́голь *m.*, нефть *f.*, добы́ча *чего́?*, добы́ть/добыва́ть, зверь *m.*, пти́ца, расте́ние, (хоро́шее, плохо́е) состоя́ние *чего́?*, исче́знуть/исчеза́ть, вы́мереть/вымира́ть
челове́к: му́сор, отхо́ды, углеки́слый газ, промы́шленность *f.*, се́льское (наро́дное) хозя́йство, село́, посёлок, пожа́р, наводне́ние, охра́на приро́ды, осо́бо охраня́емый, запове́дник, охраня́ть *кого́? что?*, очи́стить/очища́ть *от чего́?*, боро́ться *за что? про́тив чего́?*, спасти́/спаса́ть *что от чего́?*, бро́сить/броса́ть, вы́бросить/выбра́сывать, сообщи́ть/сообща́ть *что? о чём?*, определи́ть/определя́ть *что?*, повлия́ть/влия́ть *на что?*, хвати́ть/хвата́ть, сэконо́мить/эконо́мить, обойти́сь/обходи́ться *без чего́?*

12) Проинтерпретируйте карикатуру.

→ описывать и анализировать карикатуру, стр. 123

13) Лучшие граффити на школьной стене

Представьте себе, что на стене старого здания вашей школы ученикам разрешили нарисовать граффити. Тема конкурса Наша планета.
Какие фразы, цитаты или слова вы написали бы? А что бы вы нарисовали? Объясните свой выбор.

14) Экологические проекты в вашем городе

Ваша российская школа-партнёр интересуется, какие экологические проекты существуют в вашем городе или в вашей земле. Какие местные организации занимаются вопросами защиты окружающей среды? Найдите информацию и напишите в группе письмо-ответ на русском языке.

→ написать письмо, стр. 135

1. Камча́тка

2. Алта́й

3. Кавка́з

1) *География России*

а) Посмотрите на фотографии (1–6). Как вы думаете, в каких регионах были сделаны фотографии А–Е? Обоснуйте своё мнение.

→ высказывать и обосновывать мнение, стр. 144

б) Что это за географические объекты? Найдите эти названия на физической карте (см. обложку) и распределите их по категориям:

гора/горы | море | (полу)остров | озеро | река

(П) Амур – это река.

Алтай, Амур, Анадырь, Байкал, Балтийское м., Белуха, Берингово м., Волга, Днепр, Дон, Енисей, Иртыш, Кавказ, Камчатка, Каспийское м., Колыма, Коми, Ключевская Сопка, м. Лаптевых, Лена, Новая Земля, Обь, Охотское м., Путорана, Сахалин, Саяны, Северная Земля, Соловки, Таймыр, Урал, Чёрное м., Чукотка, Эльбрус

в) Скажите, где каждое из этих мест расположено.

Эти слова вам помогут: север, юг, запад, восток, европейская (азиатская) часть страны, область, район, край
расположен(а, о; ы) *где?, в скольких километрах от чего?*

А

Б

В

2) *Соберите информацию об одном из этих мест (→ упр. 1) и сделайте короткое сообщение в классе.*

Слова в помощь: высота, длина, глубина, площадь, флора и фауна, заказник; река течёт на (юг, север) и впадает в ... озеро (море); полюс, Арктика, полярный круг, вечная мерзлота, мороз, жара, экстремальный (суровый, умеренный, субтропический, благоприятный) климат; лес, луг, болото, низина, равнина, берег, побережье, устье, ледник, вулкан, пустыня; население, населённость, промышленность, сельское хозяйство, животноводство, добыча полезных ископаемых, ресурсы, туризм

3) *Послушайте новости об одном заказнике. Что верно, а что нет?*

1. Недалеко от деревни Лахта хотят построить дома.
2. В новых домах разместятся примерно 500 новых жителей.
3. Жители Лахты не рады новым соседям.
4. Новые дома будут стоять и на территории заказника.
5. Новые жители захотят использовать заповедник как место для отдыха.
6. В Лахте людям нельзя жить из-за загрязнения почвы.

4) *Выясните, какие из регионов (→ упр. 1) относятся к особо охраняемым природным территориям. Как вы думаете, почему они охраняются государством?*
а) Какие организации в России занимаются охраной природы? Найдите информацию в Интернете.
б) Выберите одну из этих организаций и перескажите основную информацию с её веб-страницы своему другу, который не говорит по-русски. М

5) Где на Руси жить хорошо?

а) Прочитайте со словарём газетную статью о климате в России. О чём здесь идёт речь?

Россия – не только самая большая, но и самая холодная страна планеты. По степени суровости климата территория России разделена на 4 пояса. Бо́льшая часть территории страны лежит в умеренном поясе, остальная часть – в арктическом, субарктическом и субтропическом поясах. Температура в субтропическом поясе достигает +45 °C, а в арктическом поясе опускается до –70 °C.

«Полюсом холода» нашей планеты считается Оймяко́н в Яку́тии, где в 1938 году было –77,8 °C. Суровый климат также на побережье Се́верного Ледови́того океана – от Таймы́ра до Чуко́тки. Второй по степени суровости район – это север Красноя́рского края, бо́льшая часть Яку́тии и весь северо-восток без Камча́тки и прибрежной зоны Да́льнего Восто́ка. За зимний сезон в каждом из этих районов потери рабочего времени составляют около 4000 часов. Сюда входят: перерывы для обогре́ва[1] работающих на открытом воздухе людей, более короткий рабочий день и остановка работ, когда температура опускается ниже –42 градусов. Для сравнения: в наиболее комфортном для жизни людей районе, в южной части Ру́сской равни́ны, потери рабочего времени за зиму меньше 1200 часов.

[1] das Sich-Wieder-Aufwärmen ср. обогреться

Конечно, суровый климат – это не только потери рабочего времени и тем самым экономические потери, но и риск для здоровья людей. У людей, проживших на Кра́йнем Се́вере более 20 лет, опасность получить инфаркт в десять раз больше, чем у людей из других регионов.

Но вот что удивительно, даже в районах с самым суровым климатом, период, благоприятный для летнего отдыха, никогда не длится менее 45 дней.

Тяжело переносить не только холод, но и жару. Самое жаркое место России – это село Утта́ в Калмы́кии. Здесь, в 2010 г. температура поднялась до +45,4 °C. Период дискомфорта из-за жары в самом жарком районе в среднем длится 75 дней в год. Самое солнечное место – село Кош-Ага́ч на Го́рном Алта́е. Солнце здесь светит 2717 часов (113,04 дня) в году. А меньше всего солнца на архипелаге Се́верная Земля́ – всего 300 часов (12,5 дня) в году.

б) Прочитайте вслух предложения с числительными.

6) **Р**оссия – страна рекордов.

а) Найдите на карте (→ см. обложку) места из упр. 5.
Скажите, что вы узнали о них из текста.

б) Найдите рекорды в тексте.

(П) Самая большая страна мира – это Россия.

1. Самая холодная страна мира– это ???
2. Самый суровый климат – в ???
3. Самое холодное место – ???
4. Самая низкая температура там была ???
5. Самые большие потери рабочего времени в ???, а самые низкие в ???
6. Самая низкая температура, при которой люди ещё работают – это ???
7. В самом жарком месте, в ???, было ???
8. Самое солнечное место в России – это ???, которое находится на ???

в) Ответьте на вопрос, заданный в заглавии (→ упр. 5).

Слова́рная шкату́лка

кли́мат: уме́ренный, аркти́ческий, субаркти́ческий, субтропи́ческий, комфо́ртный, благоприя́тный, суро́вый, наибо́лее +*Adj.*, абсолю́тный ми́нимум (ма́ксимум) температу́ры, поднима́ется (опуска́ется) до *ско́льких гра́дусов?*, в сре́днем
террито́рия: за́падная (восто́чная, се́верная, ю́жная) часть страны́, на се́вере (ю́ге, восто́ке, за́паде) *чего́?* соста́вить/составля́ть *ско́лько проце́нтов? каку́ю часть чего́?*, включи́ть/включа́ть в себя́, раздели́ть/разделя́ть
усло́вия жи́зни: поте́ря, рабо́чее вре́мя, (по)влия́ть на здоро́вье, по сравне́нию с *чем?*

7) **Р**асскажите по-русски вашему партнёру по обмену о климате в Германии. M

Wetter- und Klimarekorde in Deutschland

Lufttemperatur

Absolutes Maximum: +40,2 °C am 27. 07. 1983 in Gärmersdorf (bei Amberg, Nordostbayern), am 09. 08. 2003 in Karlsruhe und am 13. 08. 2003 in Karlsruhe und Freiburg (somit vier Rekordhalter mit jeweils gleichem Messwert).
Absolutes Minimum: –37,8 °C am 12. 02. 1929 in Hüll (Ortsteil von Wolnzach, Niederbayern).

Sonnenscheindauer

Maximale Jahressumme: 2329 Stunden im Jahr 1959 auf dem Klippeneck (südliche Schwäbische Alb[1]).
Minimale Jahressumme: 929 Stunden im Jahr 1995 in Ruhpolding (Chiemgau, Südostbayern).

[1] южный Швабский Альб

8) **К**акой климат, по вашему мнению, идеальный?
Где на земле такой климат?

В новом контексте

1) Прочитайте со словарём рассказ о мадам Бзы́киной.

Когда-то это было сенсацией: в таёжной деревне Бе́ленькое, на самом севере То́мской области, поселилась француженка Мише́ль Дальма́ссо. Мадам купила дом и попыталась зажить тихо и незаметно.

– Ничего не получилось, – со вздохом говорит Мишель. – По-русски я знала три слова: «спасибо», «здравствуйте» и ещё одно неприличное. Оно мне ужасно понравилось, но все почему-то смеялись.

Теперь у Мишель такой же богатый лексикон, как и у всех местных жителей, и над ней уже давно никто не смеётся. Наоборот, мадам пользуется большим авторитетом. Она умеет чинить бытовую технику, шить модные платья и стричь волосы не хуже, чем в лучших парикмахерских Европы. Короче, составила конкуренцию сельскому дому быта, который, впрочем, ещё семь лет назад обанкротился и закрылся. Такая же участь ожидает и местную почту. Но мадам это не радует. Если закроют почту, она потеряет работу и зарплату в 1100 рублей.

– Русские перестали писать друг другу, – переживает Мишель. – За две недели приходит всего одно письмо и четыре газеты. Иногда я езжу по адресам просто так, чтобы пообщаться.

Мишель – единственный почтальон на восемь деревень. Расстояние между ними – 12–17 километров по таёжному бездорожью. Никогда не было желающих разносить почту в такую даль. А француженка сама вызвалась.

Мишель Дальмассо родилась в Париже в 1932 году. Мама была коммунисткой. Отец Никола́й Харито́нов – русский. В 30-х годах выполнял во Франции дипломатическую миссию. Тайный роман с молодой француженкой стал известен, и Харитонова отозвали на родину. Он так и не узнал, что у него родилась дочь. Мама Мишель пыталась прояснить судьбу возлюбленного, но безуспешно. Лишь в 60-е годы пришло известие, что из Парижа в 1931 году его этапи́ровали[1] прямо в Сибирь. Там, в одном из лагерей То́мской области, и потерялись его следы.

– Мама была безутешна, – рассказывает Мишель. – Она до конца жизни помнила моего отца. Я ей обещала, что обязательно поеду в Россию и положу цветы на его могилу. В 1962 году я вышла замуж, и через год родился сын. В 1991 году Мишель вышла на пенсию и приехала в Москву искать исторические корни. Оттуда на поезде добралась до Бе́лого Я́ра, где сидел отец, но следов никаких не нашла.

Мишель повесила венок на колючую проволоку и решила поселиться поблизости. Так и живёт она в Беленьком, изредка навещая в Париже сына и внуков. Каждый раз привозит что-нибудь полезное, например, велосипед. Сын подарил стиральную машину, Мишель не взяла. Зачем? Она уже привыкла стирать в корыте, носить воду из колодца и сидеть при свечке.

– Большую часть жизни я думала, что счастье – это иметь хороший дом, машину и счёт в банке. Всё это у меня было, – говорит Мишель. – Но по-настоящему счастливой я стала только сейчас. Я познакомилась с замечательными людьми, они меня считают своей. Представляете – по очереди зовут мыться в их бане. А около деревни тайга, огромные просторы, вокруг всё чисто, тихо; природа, да и только.

В 2004 году Мишель вышла замуж и сменила французскую фамилию Дальмассо на чисто сибирскую – Бзы́кина. Страшно обижается, когда муж называет её «мадам».

[1] über eine weite Strecke (in Etappen) ins Straflager schicken

2) **С***оставьте таблицу с биографией Мишель Дальмассо-Бзыкиной.*
а) Почему француженка осталась жить в сибирской деревне? Охарактеризуйте её.

б) Что значит для Мишель счастье?

3) **Н***а основе рассказа (упр. 1), составьте сценарий* SecondLife мадам Бзыкиной *и разыграйте его.*

разыгрывать сценку, стр. 119

Действующие лица:	Мишель Николаевна Дальмассо-Бзыкина, её мать, сын и внуки, второй муж, русские в поезде Москва-Томск, жители деревни Беленькое
Акт 1, сцена 1:	1942 г. Париж: маленькая Мишель хочет узнать, где её отец
Акт 1, сцена 2:	1962 г. мать умирает, дочь обещает найти могилу отца
Акт 2, сцена 1:	1991 г. Мишель выходит на пенсию, прощается с семьёй и едет в Россию
Акт 2, сцена 2:	1991 г. Россия: поездка Мишель из Москвы в Томск
Акт 3, сцена 1:	1991 г. Мишель впервые в деревне Бéленькое
Акт 3, сцена 2:	2006 г.; сын подарил Мишель стиральную машину; Мишель её не берёт; она и так счастлива

3А 3Б 3В 3Г

4) **Р***олевая игра: Телеведущий (-ведущая) берёт интервью у парня и девушки из Москвы. Они провели летние каникулы в сибирской деревне Беленькое, где условия жизни самые простые. Сделайте для каждой роли заметки на отдельном листе и разыграйте интервью.*

делать заметки, стр. 99

разыгрывать роли, стр. 119

5) **П***редставьте, что вы собираетесь провести каникулы в деревне. Какие три предмета вы бы взяли с собой? Объясните свой выбор.*

стиральная машина
посудомоечная машина
мобильный телефон
холодильник
микроволновка
ноутбук
кофеварка
электрочайник

6) **Ж***изнь без электричества – это свобода!*
Прочитайте аргументы в пользу жизни без электричества. С чем вы согласны, а с чем нет? Приведите свои аргументы за или против.

высказывать и обосновывать мнение, стр. 144

1. Жить без электричества дёшево и экологично.
2. Свечи хорошо пахнут, и от них дома уютно.
3. Без электроприборов нет вредных для здоровья магнитных полей.
4. Нет шума работающих приборов.
5. Здоровые биоритмы. Вставать и ложиться с солнцем – это хорошо для здоровья.
6. Тебя не отвлекают телевизор, компьютер, сотовый телефон, видеоигры и др.

Россия в современном мире

1) *Что вы знаете о России? Назовите как минимум три факта из каждой категории. Кто вспомнит больше фактов за 10 минут?*

география | климат | население | традиции | национальная кухня

2) *Посмотрите на фотографии и скажите, какой заголовок вам больше всего нравится. Почему?*

Добро пожаловать в страну разнообразия – Россию!

Россия – многонациональная мозаика.

Этническое, религиозное, культурное многообразие – это богатство России.

богато

холодно

3) **Ч**то пишет о России немецкая пресса?
а) Посмотрите на картинки и предположите, о чём идёт речь в этих газетах и журналах.

б) Какие клише и стереотипы о России и русских здесь отражены?

гостеприимно

монументально

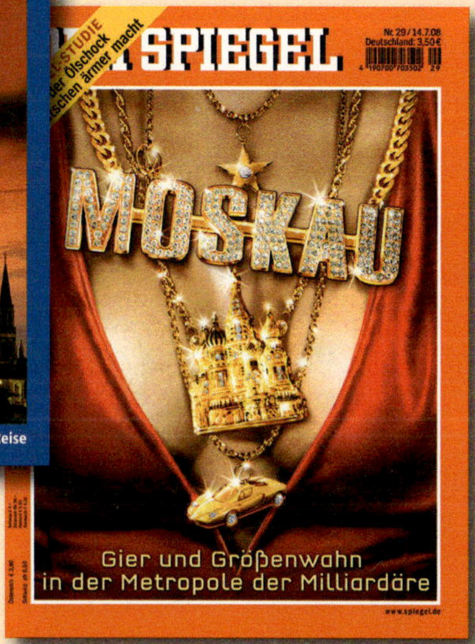

ярко

4) **Ч**емпионат мира 2018 – наш!
В декабре 2010 года почти все российские газеты вышли с похожим заголовком. Вы знаете, о каком международном спортивном событии идёт речь?

1) *Прочитайте открытку и ответьте на вопросы.*

Дорогой дедушка!
С днём рождения поздравляем
И от всей души желаем:
По-сибирски быть здоровым,
По-кавказски долго жить!
Твои внуки Лена и Андрей

а) С чем Андрей и Лена поздравляют дедушку и чего они ему желают?

б) Какие клише содержит поздравительное стихотворение? Объясните их с помощью картинок.

2) *Прослушайте стихотворение* На Кавказе. *Что вы узнали о людях, которые там живут?*

На Кавка́зе лю́бят
Му́зыку и пля́ски.
На коня́х джиги́ты[1]
Ска́чут без опа́ски.

На Кавка́зе лю́бят
Де́лать украше́нья.
Сла́вятся чека́нкой
Ме́стные селе́ния.

На Кавка́зе лю́бят
Пить кефи́р-айра́н.
Надева́ет бу́рку[2]
В да́льний путь чаба́н[3].

На Кавка́зе лю́бят
Сла́дкий виногра́д.
Здесь хозя́ин го́стю,
Как родно́му, рад.

В. Степа́нов

[1] *türk.* tapferer Junge (Reiter)

[2] Umhang (weiter Mantel)

[3] *türk.* Hirte

3) *В этом стихотворении описываются некоторые традиции кавказцев. Как вы думаете, такое стихотворение поддерживает клише? Обсудите.*

4) Предрассудок – что это такое?

а) В стихотворениях (→ упр. 1, 2) используются клише. Можно ли сказать, что это – предрассудки? Чтобы ответить на этот вопрос, прочитайте объяснение слова предрассудок. *Обоснуйте ваше мнение.*

б) Сравните с другими языками. DE | EN

предрассудок	Предрассудок предшествует рассудку.
Prejudice	A prejudice is a previous judgment.
Vorurteil	Ein Vorurteil ist ein vorschnelles Urteil.

Гр 5) Причины предрассудков

а) Найдите в словаре окончания и переведите слова.

существительное	обобщен ?	упрощен ?	преувеличен ?
глагол (сов./ несов. вид)	обобщ ? / обобщ ?	упрост ? / упрощ ?	преувелич ? / преувелич ?

4А
4Б
4В
4Г

б) Назовите примеры предрассудков о русских и о немцах, причинами которых являются обобщения, упрощения, преувеличения. Где вы с ними сталкивались? Кто их выражал?

6) Ирония в рекламе

а) Посмотрите на рекламу Санкт-Петербурга. Как она использует стереотипы о России?

б) Как вам кажется, это удачная реклама?

7) *Чёрно-белый цвет*

а) Посмотрите на интернет-страницу футбольного клуба Зенит.
Что здесь символизирует футбольный мяч?
б) Прочитайте и скажите, каков принцип этого клуба.

В составе высших лиг европейского футбола играют спортсмены со всех концов света, что делает футбол во многих странах Европы многонациональным видом спорта. Футбольный клуб *Зенит* объединяет футболистов и болельщиков из разных стран, разных национальностей и религий. Толерантность – единственно возможный принцип развития футбола, спорта и нашего клуба.

8) *«Футбол: много культур, одна страсть.» – так в 2010 году в Германии назвали премию по интеграции. Менеджер российского футбольного клуба интересуется этой идеей. Помогите ему в разговоре с представителем Немецкого футбольного союза (DFB).* M

Российский менеджер:	Я слышал, что в Германии есть премия, которой награждают за успешную интеграцию иностранцев в футбольных командах. Это правда?
Представитель DFB:	Ja, dieser Integrationspreis ist mit Sach- und Geldpreisen dotiert. Sein Motto ist: „Fußball: viele Kulturen, eine Leidenschaft".
Российский менеджер:	Кто получает эту премию?
Представитель DFB:	Vor allem Projekte für Kinder und Jugendliche und besonders für Mädchen. Gesucht werden zum Beispiel Vereine oder Schulen, die durch Fußball die Integration von Menschen verschiedener Herkunft fördern.
Российский менеджер:	Вы считаете, что футбол действительно помогает интеграции в Германии?
Представитель DFB:	Natürlich! Die deutsche Nationalmannschaft hat es bei der Weltmeisterschaft wieder einmal gezeigt. Es spielte keine Rolle, woher die einzelnen Spieler kamen. Alle zusammen kämpften für den gemeinsamen Erfolg.

Слова́рная шкату́лка

предрассу́дки: клише́, стереоти́п, (пред)рассу́док, рассужда́ть о *ком? о чём?*, обобще́ние, обобщи́ть/обобща́ть *что?*, упроще́ние, упрости́ть/упроща́ть *что?*, преувеличе́ние, преувели́чить/преувели́чивать, пове́рхностное представле́ние *о ком? о чём?*
футбо́л: национа́льная сборная футбо́льная кома́нда, объедини́ть/объединя́ть *кого́? что?*, поддержа́ть/подде́рживать при́нцип, толера́нтность, интегра́ция, мигра́нт

9) *О русском языке часто говорят: «Язык, в котором шесть падежей – очень трудный». Разделитесь на группы и придумайте аргументы в пользу изучения русского языка. Потом придумайте слоган и создайте рекламные плакаты или коллажи.*

10) *Клише, стереотипы, предрассудки – это поверхностные представления, с которыми мы часто сталкиваемся. Посмотрите на картинки и скажите, какие национальности вы узнаёте. Откуда вам известны эти «типичные представители»?*

11) *Напишите акростих со словами* клише *или* стереотип.

(П) КУЛЬТУРА
ЛЮДИ
ИММИГРАЦИЯ
ШАНС
ЕДИНОМЫШЛЕННИК

СТЕРЕОТИП

12) *Как футбол объединяет людей и помогает избавиться от предрассудков? Выберите одну из тем и напишите сочинение.*

→ написать сочинение, стр. 116

в команде
между командами
среди болельщиков
в средствах массовой информации (СМИ)

1) *Посмотрите на плакат всероссийской переписи населения. Опишите, кто на нём изображён. Как показана на нём многонациональность России?*

Гр 2) *Посмотрите на таблицу, которая показывает 10 самых многочисленных народов России. Дополните с её помощью текст, используя слова* более, менее, около, примерно, почти.

В России проживает более 140 миллионов человек и более 100 народов, которые имеют уникальные культурные традиции, национальный язык, особенную кухню, разные религии и т. д. На территории страны есть республики, в которых преобладает тот или иной народ, например, Чувашская республика, республика Татарстан и другие. Около 80% населения страны – русские. Кроме того, в России проживают (проживает)...

№	народность	численность чел.	%
1	русские	115 889 107	79,83
2	татары	5 554 601	3,83
3	украинцы	2 942 974	2,03
4	башкиры	1 673 389	1,15
5	чуваши	1 637 094	1,12
6	чеченцы	1 360 253	0,93
7	армяне	1 130 491	0,78
8	мордва	843 350	0,58
9	аварцы	814 473	0,56
10	белорусы	807 970	0,55

Гр 3) *На каких языках говорят эти народы? Подберите правильное начало.*

? **орус**ский ? **с**ский ? **мян**ский ? **кир**ский ? **ов**ский

? **тар**ский ? **раин**ский ? **ваш**ский ? **чен**ский ? **вар**ский

Гр 4) Откуда эти люди?

(П) украинец – украинка – это жители Украины

-ец, **-к**(а)	рязанец – рязанка, абхазец – абхазка, эстонец – эстонка, мордовец – мордовка, петербуржец – петербурж(ен)ка, норвежец – норвежка, испанец – испанка
-анец/**-янец**, **-анк**(а)/**-янк**(а)	американец – американка, итальянец – итальянка
-(ч)анин/**-янин**, **-(ч)анк**(а)/**-янк**(а)	англичанин – англичанка, минчанин – минчанка, северянин – северянка
-ич, **-ичк**(а)	москвич – москвичка, омич – омичка

5) Посмотрите на карту и объясните, что она показывает. Как вы думаете, почему в одних регионах людей, которые считают русский язык родным языком, меньше, а в других больше?

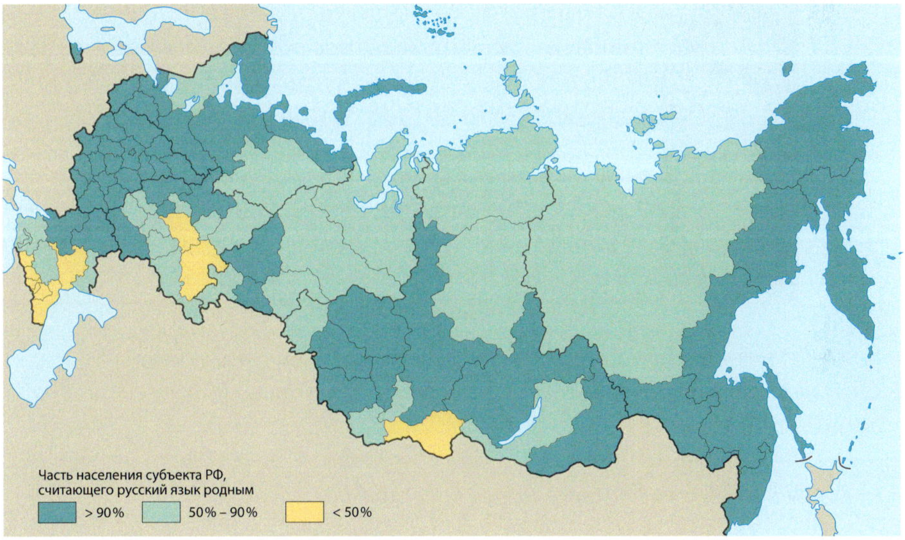

Русский язык как родной в субъектах РФ

6) Соедините похожие русские и немецкие выражения. Что они означают? DE

держать язык за зубами (Держи язык за зубами!)
иметь острый язык (У неё острый язык.)
проглотить язык (Ты что, язык проглотил?)
прикусить язык (Прикуси язык!)
вертеться на языке (Это слово вертится у меня на языке!)
языковой барьер (Между нами языковой барьер.)

eine spitze Zunge haben
Zunge im Zaum halten
Sprachbarriere
auf der Zunge liegen
die Zunge verschlucken
sich auf die Zunge beißen

7) *Когда говорят о сосуществовании различных народов и сохранении их культурных различий в одной стране, часто употребляют слово* мультикультурализм.

а) Прочитайте высказывания на тему Мультикультурализм *и объясните, как вы понимаете это слово.*

Многообразие культур обогащает всех нас. Единственное условие – это диалог разных культур и равноправие народов.

Александр, Россия

Мультикультурализм – это утопия, которая провоцирует конфликты. Отличающиеся друг от друга народы должны жить раздельно, иначе не будет спокойствия в обществе.

Макс, Канада

Конфликты возникают не из-за различия культур, а из-за непонимания или нежелания понять друг друга. Мультикультурализм, единое экономическое и политическое пространство без границ – не утопия, а единственное средство против войны и терроризма.

Марьяна, Украина

Я за равенство всех культур. Я живу в Риге уже 10 лет, и у меня нет проблем. Здесь толерантное общество. У нас все европейцы. Конечно, существуют лозунги «Русские, вперёд!» и «Латыш, не сдавайся!», но у них нет будущего.

Дмитрий, Рига (Европа)

Главное, чтобы идея мультикультурализма не мешала интеграции. Мультикультурализм – хорошо, а интеграция – важно.

Мария, Германия

б) Какие аргументы существуют за и против мультикультурализма? Составьте таблицу с аргументами из форума и собственными аргументами.

в) Какой аргумент вы считаете самым убедительным? Почему?

8) *Интернациональные явления – интернациональные слова? Дополните таблицу в вашей тетради, используя следующие интернационализмы.* DE | EN

гармония, демократия, интеграция, конфликт, культура, мультикультурализм, полиглот, политика, процесс, республика, симпатия, стереотип, эффективность

по-русски	по-немецки	по-английски
толерантность	Toleranz	???

9) *Посмотрите на карту и скажите, в каких странах говорят по-русски. Объясните, почему в этих странах активно используется русский язык. Найдите информацию в Интернете.*

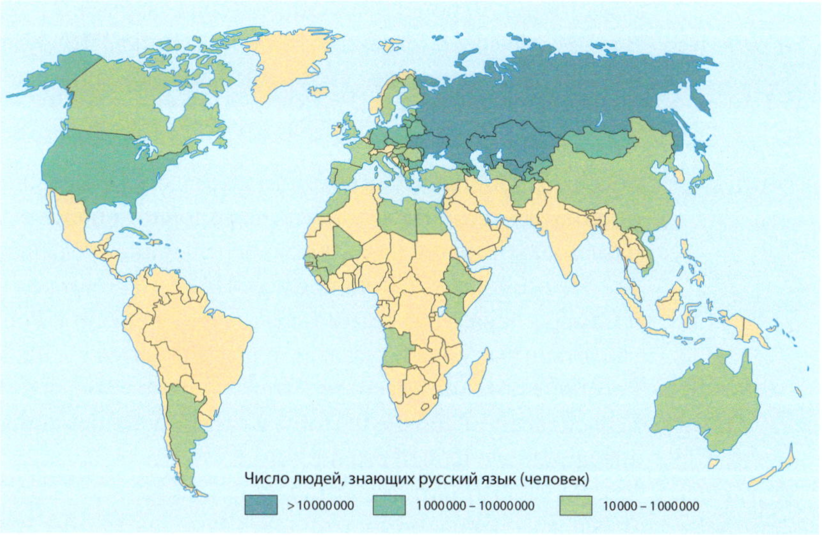

Слова́рная шкату́лка

мультикультурали́зм: мультикульту́рная страна́, населе́ние, наро́д, о́бщество, многообра́зие, разли́чие, равнопра́вие, ра́венство, интегра́ция, культу́рные тради́ции, обогати́ть/обогаща́ть *кого́? что?*, отлича́ться от *кого́?* от *чего́? чем?*, усло́вие
язы́к: родно́й (национа́льный, госуда́рственный) язы́к, двуязы́чие, двуязы́чное воспита́ние, языково́й барье́р, (о)владе́ть языко́м, изуче́ние языка́, изучи́ть/изуча́ть язы́к

10) *Представители каких народов живут в вашем городе (регионе)? Что вы знаете об их культурных традициях и языке? Напишите об этом сочинение.*

→ написать сочинение, стр. 116

11) *Как мультикультурализм выражается в вашем городе (регионе)? Используя ваш опыт, напишите комментарий на форум (→ упр. 7). Потом обменяйтесь комментариями и напишите ответ на комментарий вашего соседа (вашей соседки).*

→ высказывать и обосновывать мнение, стр. 144

12) *Разыграйте ток-шоу на тему* Двуязычное воспитание детей: хорошо или плохо?

→ разыгрывать роли, стр. 119

Возможные гости:
воспитатель (воспитательница) в двуязычном детском саду, учитель (учительница), психолог, логопед, родители, няня, Au-Pair, дети и др.

4B Россия приглашает!

1) *Прослушайте и прочитайте интервью немецкого журналиста с российским архитектором и скажите, чему рад россиянин.*

Журналист: В 2018 году первенство мира по футболу впервые пройдёт в Восточной Европе, в России. Чего вы ожидаете?

Архитектор: В первую очередь – грандиозного праздника. Это будет национальное событие. Этот чемпионат объединит российский народ. И вообще все народы!

Журналист: Что вы имеете в виду?

Архитектор: Россия откроется для огромного количества болельщиков, а они откроют для себя Россию. Ведь чемпионат пройдёт в 13 городах, названия которых большинство болельщиков услышат в первый раз. Не всем известны, например, Ни́жний Но́вгород или Сара́нск и Сама́ра. Я рад, что сотни тысяч гостей приедут в Россию, чтобы увидеть игры своими глазами, и познакомятся с нашей страной. Россияне объединят усилия, чтобы турнир прошёл на первоклассном уровне и чтобы у гостей осталось хорошее впечатление о нашей стране.

Журналист: Как Россия готовится к этому чемпионату?

Архитектор: Во-первых, на период чемпионата Россия отменит визы, во-вторых, будут льготные цены на авиа- и железнодорожные билеты. Я думаю, это привлечёт туристов. Но первейшая задача – развитие туристической инфраструктуры. Строятся и модернизируются дороги, вокзалы, гостиницы, стадионы.

Журналист: Вы этому рады? Ведь это стоит больших денег.

Архитектор: Конечно, я рад, ведь подготовка к чемпионату положительно действует на развитие городов и регионов, и всё это останется нам на десятилетия. Кроме того, я рад, что наша фирма получила возможность реализовать уникальный проект – построить современный футбольный стадион.

2) *Что привлечёт иностранных гостей на Чемпионат мира? Найдите аргументы, которые называет архитектор. Какой аргумент кажется вам самым убедительным?*

→ высказывать и обосновывать мнение, стр. 144

Гр 3) *Однокоренные слова: Найдите в интервью (→ упр. 1) семь слов с корнем* перв- *и выпишите их в тетрадь. Переведите их. Почему в этих словах используется этот корень?*

4) **Нижний Новгород – город Чемпионата мира.**

а) Посмотрите на фотографии. Что вы можете сказать о Нижнем Новгороде?
Это большой или маленький, старый или новый город?
Где он расположен и чем он знаменит?
В какой части России он находится (см. карту на обложке)?

б) Прочитайте информацию с официальной страницы этого города
и скажите, какие из ваших предположений были правильными.
Передайте главное содержание текста своими словами.

Нижний Новгород – это самый близкий к Москве город-миллионер и пятый по численности населения город России. Город был основан в 1221 году. Он находится на слиянии рек Оки́ и Во́лги. Нижний Новгород – это крупнейший промышленный, культурный и экономический город России. Большое значение имеют металлообрабатывающая и машиностроительная отрасли.
Благодаря многочисленным памятникам культуры, истории и археологии, Нижний Новгород включён в список всемирного наследия ЮНЕСКО. Особая ценность Нижнего Новгорода – православные храмы и каменный Кремль.

5) **Нижний Новгород когда-то назывался по другому.**
Найдите в Интернете информацию о том, как он назывался и когда это было.
Объясните, почему изменилось его название.

6) Импорт – экспорт

а) Прочитайте отрывок из статьи о Горьковском автомобильном заводе *и скажите, что он производит и с какими странами сотрудничает.*

Горьковский автомобильный завод (*ГАЗ*) в Нижнем Новгороде – это крупный производитель автомобилей и микроавтобусов. На нём работает около 21 тыс. человек. В 1990-е годы *ГАЗ* начал работать вместе с интернациональными производителями автокомпонентов, среди них и фирма *Bosch*, которая производит электрооборудование для автомобилей. Автомобили серии *Волга* (*Volga Siber*) и микроавтобусы серии *ГАЗ* экспортируются более чем в 30 стран мира. Это не только страны СНГ, но и страны Восточной Европы, Юго-Восточной Азии, Южной Америки, Ближнего Востока и Африки.

б) Представьте, что вы на экскурсии на заводе ГАЗ. *Придумайте вопросы, которые вы хотели бы задать директору завода.*

7) Россия на проводе

а) Экономические отношения России тесно связывают её с разными странами мира, например с Китаем. Как это выражает эта фотография?

б) Прочитайте текст и посмотрите на фотографию. Что связывает Россию и Китай?

«Вместе к общему процветанию!» – это лозунг не только экономических, но и добрососедских отношений России и Китая. В 2006 году Китай праздновал *Год России*. Тогда же началось строительство первого нефтепровода из России в Китай, который начал работать в 2011 году. До этого нефть из России в Китай доставлялась по железной дороге. В 2009 году Россию признали самым крупным производителем нефти в мире, а Китай – крупнейшим потребителем нефти.

Слова́рная шкату́лка

Чемпиона́т ми́ра: приня́ть/принима́ть госте́й, шанс, возмо́жность, стадио́н, аре́на, (по)знако́миться со страно́й, строи́тельство *чего́?*, (по)стро́ить *что?*, улучше́ние *чего́?*, измене́ние *чего́? како́е?*, ви́за, безви́зовый въезд, льго́тные це́ны
го́род: достопримеча́тельность, истори́ческий (архитекту́рный) па́мятник, сооруже́ние, знамени́тые лю́ди, це́рковь, собо́р, монасты́рь, музе́й, гости́ница, вокза́л, находи́ться *где?*, населе́ние, инфраструкту́ра го́рода
экономи́ческие отноше́ния: доставля́ть нефть, потреби́тель (производи́тель) не́фти, производи́ть *что?*, экспорти́ровать *что? куда́?*, импорти́ровать *что? отку́да?*, междунаро́дный ры́нок, сотру́дничество, сотру́дничать с *кем?*, заво́д, предприя́тие

8) *16 стадионов – 13 городов*

а) Для ЧМ в России будут построены 16 футбольных арен в 13 городах. Выберите один из этих городов и сделайте презентацию в классе.

Калининград, Санкт-Петербург, Москва, Ярославль, Нижний Новгород, Самара, Казань, Саранск, Волгоград, Ростов-на-Дону, Краснодар, Сочи, Екатеринбург

б) Представьте, что один (одна) из вас мэр этого города, а остальные – журналисты. Проведите пресс-конференцию по поводу ЧМ в одном из этих городов.

9) *Хотели бы вы поехать в Россию в 2018 году? Объясните, почему.*

высказывать и обосновывать мнение, стр. 144

10) *Представьте себе, что вы проходите практику в туристическом бюро Нижнего Новгорода. Выберите одну из следующих категорий и найдите в Интернете интересную информацию о 3–5 достопримечательностях. Напишите сочинение.*

написать сочинение, стр. 116

музеи
архитектурные сооружения
исторические памятники
церкви, соборы, монастыри
знаменитые люди
необычные памятники

11) *Приведите примеры немецких фирм (организаций), которые сотрудничают с Россией.*

12) *Прочитайте и переведите лозунги плакатов Сбербанка во время* Всемирного экономического форума *в Давосе (Швейцария). Придумайте свои лозунги на тему сотрудничества России с другими странами.* EN

Increase your opportunities with Russia.
Russia's worth a closer look.
Great country. Great partner.

WORLD ECONOMIC FORUM
COMMITTED TO IMPROVING THE STATE OF THE WORLD

4Г В новом контексте

1) Две стороны одной медали

а) Соедините высказывания по смыслу.

- Предрассудки помогают критиковать…
- Предрассудки помогают восприятию комплексных явлений…
- Предрассудки упрощают действительность…
- Предрассудки живут в каждом из нас…

- и усложняют взаимопонимание.
- и убивают индивидуальные мысли.
- но мешают думать критически.
- но не помогают их пониманию.

б) С какими высказываниями вы согласны? Обоснуйте и приведите примеры из вашего опыта.

2) О чём поёт певец группы Distemper?

Объясните, как вы понимаете этот отрывок из песни и обсудите, согласны ли вы с ним.

На ра́зных языка́х
Огро́мный мир обща́ется,
Но лю́ди в свои́х снах
Ниче́м не отлича́ются.

3) Придумайте заголовок к этой карикатуре на тему двуязычия.

4) *Прочитайте текст* Щи да каша – пища наша! *Скажите, можно ли дать этому тексту заголовок* Мультикультурализм на тарелке*? Обсудите.*

высказывать и обосновывать мнение, стр. 144

Россия – многонациональное государство, где разные народы, имея свои особые блюда, заимствовали рецепты и кулинарные хитрости у соседей и обменивались секретами приготовления пищи. Русская кухня всегда была открытой. Из Китая к русским пришёл чай; с Урала – пельмени; из Болгарии – баклажаны и кабачки; западные славяне подарили русской кухне голубцы и вареники. Знаменитый борщ, например, на самом деле является национальным украинским блюдом. Влияние кухонь Средней Азии и Кавказа принесло такие разные блюда как манты, плов и шашлык. В 16–18 веках русскую кухню обогатило всё лучшее из европейских стран: салаты, шоколад, мороженое, вина и ликёры, сахар и кофе.

а) Вы когда-нибудь пробовали названные в тексте блюда? Какое (какие) и где?

б) Назовите блюда из других стран, которые вы часто готовите дома.

4А 4Б 4В 4Г

5) *Газета* Известия, *телеканал* Россия *и радиостанция* Маяк *организовали несколько лет назад опрос* Семь чудес России.
а) Посмотрите на фотографии и скажите, какие из этих мест вам знакомы. Расскажите, что вы о них знаете.

1. Петерго́ф, Санкт-Петербу́рг

2. Долина Ге́йзеров, Камча́тка

3. Гора Эльбру́с, Кавка́з

4. Столбы́ выве́тривания, Ко́ми

5. Собор Васи́лия Блаже́нного, Москва́

6. Озеро Байка́л, Сиби́рь

7. Мама́ев курган и статуя Ро́дины-Ма́тери, Волгогра́д

б) Прослушайте рассказ Кати о её путешествиях. Сделайте заметки и расскажите, какие из этих мест она уже видела, а в какие ещё собирается поехать.

делать заметки, стр. 99

Россия – между прошлым и будущим

1) *Историю пишут люди.*
а) Вы знаете этих людей? Как их зовут? Чем они известны?

б) Каких знаменитых личностей России вы ещё знаете? С какими историческими событиями связаны их имена?

2) *Прочитайте данные ниже слова и выражения и скажите, с какими историческими личностями или событиями в России они связаны.*

христианизация | демократия | модернизация | стабильность | диктатура

экономическое развитие | укрепление международной политики | проведение реформ

революция | экономический кризис | антизападная политика | европеизация

Киевская Русь | **Пётр I** | **перестройка** | **СССР** | **Ленин** | **Екатерина II** | **Путин**

3) *Составьте ассоциограмму с событиями, эпохами и историческими личностями из истории Германии.*

4) Прослушайте и прочитайте стихотворение *Н. Майда́ник* Единство навсегда. *О чём это стихотворение? Передайте его основные мысли своими словами.*

Ушли́ в исто́рию года́,
Цари́ меня́лись и наро́ды,
Но вре́мя сму́тное, невзго́ды
Русь не забу́дет никогда́!

Побе́дой впи́сана строка́,
И сла́вит стих былы́х геро́ев,
Пове́рг наро́д враго́в-изго́ев,
Обрёл свобо́ду на века́!

И поднима́лась Русь с коле́н
В рука́х с ико́ной пе́ред би́твой,
Благословлённая моли́твой
Под звон гряду́щих переме́н.

Дере́вни, сёла, города́
С покло́ном ру́сскому наро́ду
Сего́дня пра́зднуют свобо́ду
И День еди́нства навсегда́!

5) *Россия – страна контрастов.*
а) Посмотрите на фотографии и скажите, как вы понимаете выражение Россия – страна контрастов.

б) Как вы думаете, что изменится в России в будущем? А что бы вы хотели, чтобы изменилось в жизни россиян?

1) Трагическая судьба – В. Шала́мов

а) Прочитайте краткую биографию В. Шаламова.

Варла́м Ти́хонович Шала́мов родился 18 июня 1907 года в Во́логде. Его отец был священник, а мать – учительница. В 1923 году, после окончания школы, он переехал в Москву, где работал на заводе. В 1926 году В. Шаламов поступил в МГУ[1] на факультет советского права. 19 февраля 1929 года за участие в подпольной группе оппозиции В. Шаламов был арестован и осуждён на три года концентрационных лагерей на Северном Ура́ле. С 1932 года, вернувшись в Москву, он работал журналистом и писателем. Повторно, 12 января 1937 года, В. Шаламов был арестован за КРТД[2] и осуждён на пять лет. Срок В. Шаламов отбывал на Колыме́, где работал по 14 часов на при́исках[3] и в шахтах. Избиваемый деся́тниками[4] он часто лежал в больницах полным инвалидом. В 1942 году его, как врага партии, осудили ещё на 10 лет. Так прошла война, а В. Шаламов был то на приисках в колымских лагерях ГУЛАГа[5], то в больнице.

В. Т. Шала́мов

[1] Московский государственный университет

[2] Контр-революционная троцкистская деятельность

[3] Goldmine

[4] Aufseher

[5] Главное управление лагерей

б) Напишите краткое резюме жизненного пути писателя в форме таблицы в свою тетрадь.

Фамилия, имя, отчество	Шаламов Варлам Тихонович
Дата рождения	18 июня 1907 года
Место рождения	???

в) Представьте себе, что один из вас – журналист, а другой – писатель В. Шаламов. Разыграйте интервью. Задайте вопросы о родителях В. Шаламова, о его учёбе, работе, аресте и жизни на Колыме.

→ разыгрывать роли, стр. 119

2) По дороге в суд

К 100-летию со дня рождения писателя, в 2007 году был снят сериал о жизни В. Шаламова Завещание Ленина. *Прослушайте отрывок из сериала и ответьте на вопросы.*

1. Почему десятники не хотят вести В. Шаламова на суд?
2. Когда происходит действие фильма?
3. О чём говорят десятники по дороге в Я́годное?
4. Как долго В. Шаламов находился в лагере?
5. Почему десятники хотят быть в Ягодном к восьми часам вечера?

3) *«Надгробное слово»*

а) Прочитайте отрывок из рассказа В. Шаламова.

Кадр из фильма *Завещание Ленина*, 2007 г.

«Умер экономист Семён Алексе́евич Ше́йнин, напарник мой, добрый человек. Он долго не понимал, что делают с нами, но в конце концов понял и стал спокойно ждать смерти. Мужества у него хватало. Как-то я получил посылку – то, что посылка дошла, было великой редкостью, и в ней были авиацио́нные фе́тровые бу́рки[1] и больше ничего. Как плохо знали наши родные условия, в которых мы жили. Я понимал отлично, что бурки украдут, отнимут у меня в первую же ночь. И я их продал, не выходя из комендату́ры[2], за сто рублей десятнику Андре́ю Бойко́. Бурки стоили семьсот, но это была выгодная продажа. Ведь я мог купить сто килограммов хлеба, а если не сто, то купить масла, сахару. Масло и сахар последний раз я ел в тюрьме. И я купил в магазине целый килограмм масла. Я помнил о его полезности. Сорок один рубль стоило это масло.

Я купил днём (работал ночью) и побежал к Шейнину – мы жили в разных бараках – отпраздновать посылку. Купил я и хлеба...

Семён Алексеевич взволновался и обрадовался.

– Ну, как же я? Какое я имею право? – говорил он, очень взволнованный. – Нет, нет, я не могу... – Но я уговорил его и, радостный, он побежал за кипятком.

И тотчас я упал на землю от страшного удара по голове.

Когда я встал, сумки с маслом и хлебом не было. Метровое ли́ственное поле́но[3], которым меня били, лежало около кровати, и все кругом смеялись. Прибежал Шейнин с кипятком. Много лет потом я не мог вспомнить об этой краже без страшного волнения. А Семён Алексеевич – умер.»

[1] Piloten-filzschaftstiefel

[2] Kommandantur

[3] Laubholzscheit

б) Исправьте неправильные высказывания.

1. Действие рассказа происходит утром на почте.
2. Семён Алексеевич Шейнин работал с рассказчиком в паре.
3. Рассказчик продал бурки, потому что они ему были не нужны.
4. Рассказчик побежал в барак к Шейнину с кипятком.
5. Когда Шейнин убежал, у рассказчика украли масло и хлеб.

4) *Как вы думаете?*

а) Найдите в тексте слова, которые описывают состояние и чувства героев в начале и в конце рассказа.

б) Как меняется атмосфера в начале, середине и в конце истории с посылкой? Заполните таблицу в своей тетради.

начало	середина	конец
великая редкость	???	???

в) Рассказчик хочет «отпраздновать посылку» с Семёном Алексеевичем. Как вы думаете, почему?

Гр 5) *От глагола к существительному. Найдите соответствия.*

				знать	арест	окончить
		посылать	сто́ить	знание	работа	продажа
		жить	ударить	посылка	стоимость	окончание
удар	жизнь	продать	работать	поступок	поступить	арестовать

(П) посылать – посылка

Гр 6) *Сравните образование существительных от глаголов с помощью суффиксов в русском и немецком языках.* DE

наказание ← наказать
покупка ← покупать
улучшение ← улучшать

Bestrafung ← bestrafen
Kauf ← kaufen
Verbesserung ← verbessern

Гр 7) *Образуйте от существительных глаголы и составьте с ними предложения.*

(П) наказа**ние** – Чужого сына он наказать не может, а своего может.

-ние: отбывание, знание, терпение, пожелание
-ение: осуждение, поступление, увеличение, изменение
-ка: посылка, стройка, подготовка, перестройка

Слова́рная шкату́лка

поли́тика: подпо́льный, де́ятельность, оппози́ция, суд, осуди́ть/осужда́ть, разлу́ка, поми́ловать, жу́ткий (го́рький) быт, уда́рить/ударя́ть, уда́р, побе́г, отча́яние, по́льза, распространи́ть/распространя́ть, пропаганди́ровать *что?*, де́йствовать *как? чем?*, вы́держать/выде́рживать, (бес)поле́зный, вы́годный, преувели́чить/преувели́чивать, приукра́сить/приукра́шивать, обсуди́ть/обсужда́ть, принести́/приноси́ть
исто́рия: вы́брать/выбира́ть *что?*, победи́ть/побежда́ть *кого́? где?*, му́жество, пра́здновать *что?*, провозгласи́ть поли́тику перестро́йки, свобо́да сло́ва, защити́ть/защища́ть, соверши́ть/соверша́ть револю́цию, боро́ться за права́, воева́ть, освободи́ть/освобожда́ть *кого́? что?* от *кого́? чего́?*

8) *Расскажите, что вы узнали из биографии В. Шаламова, отрывка из сериала и стихотворения*

– о жизненной ситуации арестованных в лагере.
– об отношениях между арестованными и десятниками.

9) *Шейнин пишет письмо родным из лагеря, в котором описывает случай с посылкой. Напишите это письмо за него.*

→ написать письмо, стр. 135

10) **В***ам нужно подготовить доклад о нескольких исторических событиях в СССР (России). Сначала составьте предложения.*

(П) **12 апреля 1961 г.** – полёт Ю. А. Гага́рина в космос на корабле *Восток*.
12 апреля 1961 года Ю. А. Гагарин полетел в космос на корабле *Восток*.

13 апреля 1985 г. – провозглашение М. С. Горбачёвым политики «перестройки» в СССР.
27 октября 2001 г. – выход в эфир первого российского реалити-шоу *За стеклом*.
27 мая 2003 г. – празднование 300-летия Санкт-Петербурга.
5 июля 2007 г. – избрание Сочи местом проведения XXII зимних Олимпийских игр 2014 года.
2 марта 2008 г. – победа Д. А. Медве́дева на выборах третьего президента Российской Федерации.
23 февраля 2010 г. – запуск Международного торгового центра *eBay* на русском языке.

11) **К***акие события изображены на этих плакатах и почтовых марках?*

а) Объясните лозунги и скажите, к какому времени относятся эти плакаты и марки.

б) Выберите один из плакатов или одну из марок и напишите сочиненение.

написать сочинение, стр. 116

– описание плаката (марки)
– идея плаката (марки)
– его (её) функция в обществе того времени

Миг между прошлым и будущим.

1) Как вы понимаете заголовок раздела?

а) Прослушайте и прочитайте текст песни из кинофильма «Земля Санникова» Есть только миг.

При́зрачно всё в э́том ми́ре бушу́ющем.
Есть то́лько миг – за него́ и держи́сь.
Есть то́лько миг ме́жду про́шлым и бу́дущим.
И́менно он называ́ется жизнь.

Ве́чный поко́й се́рдце вряд ли обра́дует.
Ве́чный поко́й для седы́х пирами́д.
А для звезды́, что сорва́лась и па́дает,
Есть то́лько миг – ослепи́тельный миг.

Пусть э́тот мир вдаль лети́т сквозь столе́тия.
Но не всегда́ по доро́ге мне с ним.
Чем дорожу́, чем риску́ю на све́те я –
Ми́гом одни́м – то́лько ми́гом одни́м.

Сча́стье дано́ повстреча́ть иль беду́ ещё
Есть то́лько миг – за него́ и держи́сь.
Есть то́лько миг ме́жду про́шлым и бу́дущим.
И́менно он называ́ется жизнь.

слова Л. Дербенёва, музыка А. Заце́пина

б) О чём поётся в этой песне? Какая главная мысль? К чему призывает текст слушателей?

в) Проанализируйте песню.

анализировать песню, стр. 129

2) Всё о жизни

а) Прочитайте русские выражения о жизни и скажите, как вы их понимаете.

Один раз живём!

Москва не сразу строилась.

Живи не прошлым, а завтрашним днём.

Будет и на нашей улице праздник.

Завтра всё изменится к лучшему.

б) А как живёте вы? Придумайте выражение, которое передаёт ваше отношение к жизни или расскажите о цитате, которая вам нравится?

3) **С**овременная Россия

а) Посмотрите на фотографии и скажите, как живут сейчас в России семьи, молодые и пожилые люди. Что изменилось, а что осталось прежним? Используйте информацию из Интернета.

б) Сравните эти картинки с сегодняшней жизнью в Германии. Назовите сходства и различия.

Гр 4) **В**се работы хороши – выбирай на вкус!

а) Ознакомьтесь со статистикой средних зарплат людей разных профессий в России и сравните их.

(П) Учитель получает (намного, чуть, почти на 15 тысяч рублей) меньше, чем бухгалтер, но немного (значительно) больше, чем парикмахер.

вид, сфера деятельности	профессия, примеры	средняя заработная плата в месяц, тыс. рублей (2009)
финансовая деятельность	финансовый директор, аудитор, финансовый менеджер, экономист	39,6
воздушный пассажирский транспорт	пилот, инженер-конструктор, авиадиспетчер	38,6
бухгалтерский учёт и аудит	бухгалтер, экономист, аудитор	24,4
высшее образование	доцент, преподаватель в университете	20,2
врачебная практика	врач	16,1
школьное образование	учитель	10,8
медицинский персонал	медсестра, медбрат	9,8
парикмахерские и салоны красоты	парикмахер, косметолог	7,3

б) Переведите рубли в евро и сравните среднюю зарплату в России со средней зарплатой в Германии. Какие профессии лучше оплачиваются в России, а какие в Германии? Выберите для примера две-три профессии, расскажите о ваших выводах партнёру.

5) Жизнь как жизнь

а) Прочитайте отрывок из пьесы Лабиринт жизни.

Действующие лица:

Паша – сын директора банка, работает у отца, 24 года
Вика – учитель-филолог, без постоянной работы, 23 года
Сергей – химик-технолог, работает свободным фотографом, 23 года
Лиля – выпускница юридического факультета, в данный момент без работы, 24 года

Старые друзья давно не виделись. Спустя два года после окончания университета они наконец-то нашли время встретиться. Вика, Сергей и Лиля сидят на скамейке и ждут Пашу.

Вика: *(улыбаясь)* Ну наконец-то, идёт наше «солнце»! *(машет Паше рукой)*

Паша: *(радостно)* Сколько лет, сколько зим!!! Как же я по вам соскучился! *(обнимает Сергея, целует девочек в щёчку и дарит им по цветку)* Ну, что, куда идём сегодня?

Лиля: *(грустно)* Да никуда, Паша, мы не идём.

Вика: Денег нет, Паш, придётся тут, на скамейке, общаться.

Паша: *(удивлённо)* Как нет денег, ребята? Вы же вроде все работаете!

Лиля: Паша, Паша, когда мы с тобой последний раз виделись?... Вот-вот, 2 года назад. А за это время... Короче, меня уволили. Только начала работать юристом в одной транспортной компании, а тут раз – и кризис. Всех молодых, без опыта работы, «попросили» уйти. Хотя мне и не очень нравилось: работа рутинная, карьерного роста не предвиделось, зарплата невысокая... Но всё же деньги.

Паша: Извини, Лиля, я не знал... Вика, а ты? Что у тебя с работой?

Вика: А я, ребята, как вы знаете, получила «безденежную» профессию. Знаете, сколько получают учителя в школе?! 10–12 тысяч рублей в месяц!!! Разве на такие деньги проживёшь?! При этом днём ты преподаёшь, а по вечерам готовишься к урокам и проверяешь домашние задания. Никакого свободного времени! Нет! Такая жизнь не для меня. Вот и продолжаю «висеть в воздухе», нахожусь в постоянном поиске. А пока подрабатываю репетиторством.

Сергей: Да, девчонки, невесело... Я тоже вначале не мог найти работу. Кому нужен химик-технолог с высокими запросами? Слышал, что в иностранных компаниях неплохо платят, но туда сложно устроиться. И если честно, не моё это: каждое утро вставать в 6 утра, ехать в переполненном метро в офис, работать по 8–9 часов. Короче, ребята, теперь я работаю свободным фотографом. В этой сфере можно зарабатывать приличные деньги, хотя нужно крутиться, чтобы получать новые заказы... Но главное – самореализация и статус свободного художника!

Лиля: Вот классно! Я тоже так мечтаю о творческой работе! Я ведь в душе не юрист, а творческая личность! В свободное время я

рисую картины и пишу книгу. В будущем хотела бы работать экскурсоводом или открыть свой маленький книжный магазин.

Паша: Да-а-а, ребята, теперь я чувствую себя как-то неудобно – вы сами пробиваетесь в жизни, а я живу на всём готовом. У меня папа стал директором банка. И как только я закончил университет, он взял меня к себе на работу. Зарплата высокая, уже купил машину, хотя и пришлось взять кредит. В общем, грех жаловаться... Так хотелось бы вам помочь! Но пока своих связей у меня нет... Что же делать?...

б) Расскажите о каждом из друзей.

– образование
– работа: есть(нет), довольны (недовольны)
– перспективы
– желания, мечты

в) Что бы вы посоветовали Вике и Лиле? Придумайте свои советы.

– получить второе образование в более перспективной области
– каждый день читать объявления о работе
– улучшить своё резюме
– не лениться и отправлять инициативные резюме

Слова́рная шкату́лка

рабо́та: перспекти́ва, карье́ра, устро́иться/устра́иваться на рабо́ту, рабо́тать *кем? где?*, иска́ть (найти́) рабо́ту, подраба́тывать, зарабо́тать/зараба́тывать на жизнь
цель: успе́х, самореализа́ция, высо́кая (ни́зкая) зарпла́та, интере́сный
ры́нок труда́: прести́жная профе́ссия, име́ть спрос, ка́чество зна́ний, высо́кая (ни́зкая) квалифика́ция, модерниза́ция, но́вые техноло́гии, разви́тие, рост *чего́?*, измени́ться/изменя́ться, улучше́ние *чего́? како́е? в чём?*

5А
5Б
5В
5Г

6) *Представьте, что друзья (→ упр. 5) решают открыть своё дело. Придумайте продолжение рассказа. Начните так:*

– Ребята!!! – вдруг воскликнула Лиля,– у меня гениальная идея! А давайте...

7) *Разыграйте диалог: один из вас – из России, другой – из Германии. Выберите себе одну из профессий. Расскажите, что вам (не) нравится в вашей профессии, довольны ли вы зарплатой и хотели бы вы работать кем-то другим.*

→ разыгрывать роли, стр. 119

8) *Как, по вашему мнению, будет развиваться рынок труда (в мире, в России, в Германии)?*

→ высказывать и обосновывать мнение, стр. 144

1) Мечта стала реальностью?

а) В 70-80-х годах в журнале Техника молодёжи *публиковали мечты людей того времени. Посмотрите на обложки и расскажите, о чём мечтали в XX-м веке.*

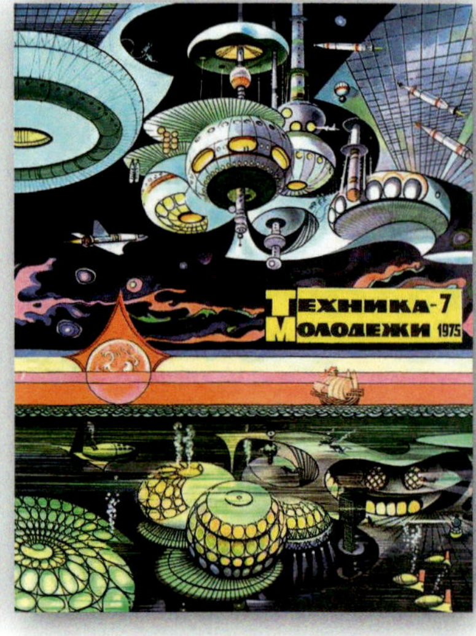

б) Подберите к каждой картинке название в виде лозунга.

(П) Лыжный спорт – зимой и летом!

На лыжах в любое время года!

в) Какие мечты стали реальностью, а какие нет? Как вы думаете, эти мечты ещё сбудутся?

г) Представьте себе, что в вашей школе выпускается журнал Жизнь XXII-го века. *Что бы вы изобразили на обложке этого журнала? Сначала придумайте новое название для журнала и несколько тем, которые вам интересны. Потом создайте эти обложки.*

2) Будущее начинается в настоящем.

а) Прочитайте отрывок из повести Арка́дия и Бори́са Струга́цких Трудно быть богом. *Расскажите, чему удивляются ребята, которые попали из будущего в наше время.*

– Глядите! – сказал Пашка.

Над серединой дороги на ржавой проволоке, [...] висел круглый жестяной диск. [...] На нём был изображён жёлтый прямоугольник на красном фоне.

– Что это? – без особого интереса спросила Анка.

– Автомобильный знак, – сказал Пашка. – «Въезд запрещён».

– «Кирпич», – пояснил Антон.

– А зачем он? – спросила Анка.

– Значит, вон туда ехать нельзя, – сказал Пашка.

– А зачем тогда дорога? [...]

– Мудры́ были предки, задумчиво сказал Пашка. – Этак едешь-едешь километров двести, вдруг – хлоп! – «кирпич». И ехать дальше нельзя, и спросить не у кого.

б) Пофантазируйте и скажите, что из нашей жизни может показаться странным, непонятным или смешным через 50 или 100 лет, например, в обществе, в школе, в семье.

3) Школа – вчера, сегодня и завтра

а) Спросите ваших родителей, чем отличалась их школьная жизнь от вашей. Как отличался их день в школе, чем они занимались после школы, как проводили каникулы? Расскажите об этом в классе.

б) Что из школьной жизни ваших родителей вы не можете себе представить сегодня? А что бы вы хотели, чтобы было и у вас? Составьте таблицу с позитивными и негативными изменениями. Всё ли изменилось к лучшему?

в) Что бы вы хотели изменить в вашей школе?

4) Как вы понимаете это высказывание?

«Берегись, в будущем вырастает то, что ты посадил сегодня».

5) Прочитайте комикс и скажите, о чём в нём идёт речь.
а) Что в будущем будет по-другому? Запишите ключевые слова о жизни в будущем.

б) Какие из изменений вам кажутся фантастикой, а какие нет. Объясните, почему.

Всё будет по-другому…

Слова́рная шкату́лка

шко́ла: оце́нки, свобо́дное посеще́ние, предме́ты по-вы́бору, (техни́ческое) обору́дование, распоря́док дня, организова́ть/организо́вывать, самостоя́тельное обуче́ние, повы́сить/повыша́ть у́ровень (ка́чество) *чего?*, успе́х, свобо́да вы́бора, дове́рие, дове́рить/доверя́ть
бу́дущее: мечта́ть о *чём?*, повзросле́ть/взросле́ть, постаре́ть/старе́ть, обща́ться телепати́чески, разви́ть/развива́ть спосо́бности, разви́тие те́хники, измене́ния в *чём?*, возмо́жность *чего?*, откры́ть/открыва́ть грани́цы, осозна́ть/осознава́ть, улучше́ние (ухудше́ние) *чего?* (эколо́гии, усло́вий жи́зни), взаимопонима́ние

6) *Сделайте стенгазету* Школа будущего.

- Сколько лет будет длиться обучение в школе?
- Какие предметы будут изучаться?
- Как, по вашему, будут выглядеть учебные пособия?
- Как будет проходить учебный день?
- Расскажите об оценках, учителях, здании, классе и т. д.

7) *Прослушайте диалог Даши и Наташи и скажите, какие из этих высказываний правильные. Исправьте неправильные.*

1) Даша должна написать сочинение о технике в будущем.
2) Мужчины и женщины будут жить отдельно –, понятия семьи не будет.
3) Дети будут жить со своим папой, который будет их лучшим другом.
4) Взрослым и детям нельзя будет видеться.
5) В старости люди будут много путешествовать.
6) Люди будущего будут медленно взрослеть и долго жить.

а) Какие из изменений в жизни человека будущего вам (не) нравятся? Какие из изменений вы считаете реальными, а какие нет? Объясните, почему.

б) Представьте себе, что вы Даша и напишите за неё сочинение о жизни человека в будущем.

→ написать сочинение, стр. 116

в) Вы хотите, чтобы люди, которые будут жить через 100 лет, знали как можно больше о нашей жизни. Сделайте дневниковую запись, в которой вы рассказываете о положительных и отрицательных сторонах нашей жизни.

→ делать запись в дневнике, стр. 114

8) *Каким бы вы хотели видеть город в будущем? Какие изменения в обществе, технике, политике, экологии и т. д. вам хотелось бы видеть? Сделайте доклад на тему* О чём я мечтаю.

9) *Придумайте и нарисуйте свой комикс о жизни в будущем.*

5Г В новом контексте

1) Уроки истории

а) Прочитайте высказывания и передайте их смысл своими словами.

> История вынуждена повторяться, потому что её никто не слушает.
>
> Пи́тер Ло́ренс

> Главный урок истории заключается в том, что человечество необучаемо.
>
> Уи́нстон Че́рчилль

б) Как вы считаете, какие из исторических событий повторяются?

2) Прослушайте и прочитайте текст песни А. Розенба́ума

А может, не было войны...

А мо́жет, не бы́ло войны́...
И лю́дям всё это присни́лось:
Опустошённая земля́,
Расстре́лы и концлагеря́,
Хаты́нь и бра́тские моги́лы?

А мо́жет, не бы́ло войны́,
И у отца́ с рожде́нья шра́мы,
Никто́ от пу́ли не поги́б,
И не встава́л над ми́ром гриб,
И не боя́лась ге́тто ма́ма?

А мо́жет, не бы́ло войны́,
И у станко́в не спа́ли де́ти,
И ба́бы в ги́блых деревня́х
Не задыха́лись на поля́х,
Ложа́сь плечо́м на сты́лый ве́тер?

Припев:
Лю́ди, одни́м себя́ мы ко́рмим хле́бом,
Одно́ на все́х дано́ нам не́бо,
Одна́ земля́ взрасти́ла нас.
Лю́ди, одни́ на всех у нас доро́ги,
Одни́ печа́ли и трево́ги,
Пусть бу́дет сном и мой расска́з. (2х)

А мо́жет, не бы́ло войны́?
Не гна́ли не́мцев по эта́пу,
И абажу́р из ко́жи – блеф,
А Муссоли́ни – ду́тый лев,
В Пари́же не бы́ло геста́по?

А мо́жет, не бы́ло войны́?
И «шма́йсер» – де́тская игру́шка,
Дневни́к, зали́тый кро́вью ран,
Был не напи́сан А́нной Франк,
Берли́н не слы́шал гро́ма пу́шек?

Припев

А мо́жет, не бы́ло войны́,
И мир её себе́ приду́мал?
Но почему́ же старики́
Так пла́чут в ма́е от тоски́?
– Одна́жды но́чью я поду́мал.

А мо́жет, не бы́ло войны́,
И лю́дям всё это присни́лось?..

а) Как вы понимаете название песни? Почему автор сравнивает войну со сном? Что говорит о том, что это был не сон?

б) Найдите в тексте слова, которые говорят о бессмысленности войны. Проанализируйте песню.

анализировать песню, стр. 129

3) **В**ыберите одну из следующих тем и составьте шкалу развития. Что вы знаете о том, как это было раньше, как это сейчас и, как вы думаете, изменится через 20, 50, 100 лет?

транспорт
отдых
работа
семья
образование

4) **В** стиле ретро

а) Как вы понимаете поговорку «Новое – это хорошо забытое старое»?

б) Что из прошлого стало опять модным, популярным? Приведите примеры из музыки, моды, традиций, техники и др.

5) **В** 60-е годы люди думали, что в XXI-м веке все дома будут круглыми и сделаны из пластика. А как думаете вы, какие дома и из чего будут строить в будущем. Пофантазируйте.

Развитие умений и навыков

Дорогие ученики,
из уроков иностранных языков вы уже знаете, что владение методами составляет основу изучения любого иностранного языка. Методы, в первую очередь, – это знания о том, что нужно делать и как.
На следующих страницах вы найдёте полезные советы с конкретными примерами и нужные речевые обороты, которые вам помогут в подготовке к высшему гимназиальному уровню.

Под номерами 1–6 представлены методы, полезные слова и выражения, которые нужны для анализа и обсуждения литературного текста. Все примеры связаны с рассказом А. Чехова Вверх по лестнице *(→ стр. 98).*

Потом следуют методы, примеры и выражения для развития других навыков.

Большинство методов построено по следующему принципу:

1. Основная информация (где нужно)
2. Конкретный пример метода: введение | главная часть | заключение
3. **Шаги** / **Советы**
4. Полезные слова и выражения

Вверх по лестнице

Провинциальный сове́тник[I] Долбоно́сов[II], будучи однажды по делам службы в Питере, попал случайно на вечер к князю Финга́лову[III]. На этом вечере он, между прочим, к великому своему удивлению, встретил студента-юриста Щепо́ткина[IV], бывшего лет пять тому назад репетитором его детей. Знакомых у него на вечере не было, и он от ску́ки[1] подошёл к Щепоткину.

— Вы это… тово… как же сюда попа́ли[2]? — спросил он, зева́я в кула́к[3].

— Так же, как и вы…

— То есть, положим, не так, как я… — нахму́рился[4] Долбоносов, оглядывая Щепоткина. — Гм… тово… дела ваши как?

— Так себе… Кончил курс в университете и служу чиновником особых поруче́ний[5] при Подоко́нникове…

— Да? Это на пе́рвых пора́х[6] недурно… Но… ээ… простите за нескромный вопрос, сколько даёт вам ваша до́лжность[7]?

— Восемьсот рублей…

— Пф!.. На табак не хватит… — пробормотал Долбоносов, опять впадая в снисходительно-покровительственный тон[8].

— Конечно, для безбедного прожития в Петербурге этого недостаточно, но кроме того ведь я состою́[9] секретарём в правлении Уга́ро-Дебоши́рской железной дороги… Это даёт мне полторы тысячи…

— Дааа, в таком случае, конечно… — перебил Долбоносов, причём по лицу его разлилось нечто вроде сияния[10]. — Кстати, милейший мой, каким образом вы познакомились с хозяином этого дома?

— Очень просто, — равнодушно отвечал Щепоткин. — Я встретился с ним у статс-секретаря́[V] Ло́дкина[VI]…

— Вы… бываете у Лодкина? — вы́таращил[11] глаза Долбоносов…

— Очень часто… Я женат на его племяннице…

— На пле-мян-ни-це? Гм… Скажите… Я, знаете ли… тово… всегда желал вам… пророчил блестящую будущность, высокоуважаемый Ива́н Петро́вич…

— Пётр Ива́ныч…

— То есть, Пётр Иваныч… А я, знаете ли, гляжу сейчас и вижу — что-то лицо знакомое… В одну секунду узнал… Дай, думаю, позову его к себе отобедать… Хе-хе… Старику-то, думаю, небось не откажет! Отель «Европа», № 33… от часу до шести…

А. Че́хов, 1885 г.

[1] сущ. от слова «скучно», «скучать»

[2] попасть/попадать *куда?* – gelangen, geraten

[3] in die Faust gähnend

[4] machte eine finstere Miene

[5] Beamter mit besonderen Aufgaben

[6] = в начале

[7] = работа, служба; от слова «должен»

[8] in einen herablassend-gönnerhaften Ton verfallend

[9] *hier:* работаю

[10] verbreitete sich so etwas wie ein Leuchten

[11] riss die Augen auf

I средне-низкий ранг в русском обществе до начала Октябрьской Революции в 1917 г.

II В фамилии Долбоносов можно найти слова «долбить» (meißeln) и «нос» (Nase).

III В фамилии Фингалов можно найти слово «фингал» (blauer Fleck).

IV В фамилии Щепоткин можно найти слово «щепотка» (Prise).

V высокий ранг

VI В фамилии Лодкин можно найти слово «лодка» (Boot).

1 Делать заметки

Заметки для резюме рассказа *Вверх по лестнице*

а) Данные

А. П. Чехов: *Вверх по лестнице*, рассказ (1885)

б) Где? Когда?

– в России, на вечере князя Фингалова (ст. 2)
– в XIX-м веке

в) Герои

– Долбоносов:
  - провинциальный советник (ст. 1)
  - сначала: расспрашивает Щ.; снисходительно (ст. 6)
  - потом: приглашение (ст. 34)
  - причина: связь Щ. со статс-секретарём Лодкиным (ст. 26 ff.)

– Щепоткин, Пётр Иваныч:
  - бывший студент-юрист (ст. 3–4)
  - бывший репетитор детей Долбоносова (ст. 4)
  - разные работы → деньги (ст. 10, 19)
  - женат на племяннице статс-секретаря Лодкина (ст. 28)

Шаги

1. Решите, для чего вам нужны заметки.
   – Чтобы написать резюме (стр. 100), запишите только самые важные события и действия.
   – Чтобы написать характеристику (стр. 111), вам нужно записать и детали поведения и мысли героев.

2. Прочитайте текст и подчеркните (если возможно) то, что вам кажется важным. Употребите разные цвета, например, если вы будете писать характеристику двух героев.

3. Прочитайте текст ещё раз и запишите самую важную информацию для решения вашей задачи. Иногда стоит записать информацию в форме ассоциограммы или какой-то другой диаграммы.

Советы

– Используйте несложные для вас слова.
– Не пишите те слова из текста, которые вы не понимаете.
– Пишите так, чтобы позже вы могли прочитать свои заметки.
– Приведите свои заметки в логичный порядок.
– Придумайте заголовки, решите, что (не) важно.

2 Передавать основное содержание текста (резюме[1])

В рассказе Антона Павловича Чехова *Вверх по лестнице*, написанном автором в 1885-м году, речь идёт о встрече двух людей и их положении в обществе.

введение

Главными героями являются провинциальный советник Долбоносов и молодой студент-юрист Щепоткин, который пять лет тому назад был репетитором детей Долбоносова. Они встречаются на вечере у князя Фингалова. Так как Долбоносов не знаком с большинством гостей, он начинает разговор с Щепоткиным о его карьере. Он узнаёт, где Щепоткин работает и сколько денег он получает. Ему не очень интересно говорить с бывшим репетитором, но когда он узнаёт, что тот женат на племяннице очень важного человека, статс-секретаря Лодкина, он резко меняет своё поведение. Теперь ему приятно быть знакомым и говорить с Щепоткиным, и он даже приглашает его на обед к себе в гостиницу.

главная часть

В своём рассказе Чехов показывает абсурдность поведения главного героя Долбоносова. Тот меняет своё поведение только потому, что узнаёт, что бывший репетитор значительно улучшил своё положение в обществе и сейчас даже знаком с очень важным человеком.

Чехов разными методами критикует такое поведение – и тем самым и российское общество XIX-го века, в котором отношения между людьми часто зависели от их положения в обществе.

заключение

[1] В некоторых федеральных землях Германии – резюме только передача основного содержания, в других землях резюме включает и оценку текста, и личное мнение о нём. Спросите вашего учителя (вашу учительницу) о том, нужно ли вам написать только о самом содержании или нужно включить личную оценку содержания текста.

Полезные слова и выражения

1. Введение

а) Название литературного произведения и жанр

- Данный роман (рассказ, повесть, текст, сказка) называется ...
- Название этого текста – ...
- В рассказе речь идёт *о ком/чём?* ...
- Рассказ (повесть, роман, драма, сказка, басня) ...
- Данный текст – сатира (сказка, басня).
- По литературному жанру это – роман (повесть, рассказ, сказка, ...)
- Трудно (легко) определить жанр данного текста (произведения).

б) Год и место публикации

- Рассказ был опубликован *когда?* в ...-м году.
- В романе, написанном автором *в каком году?* в ...-м году, ...
- Данный текст вышел в свет *когда/где?* в ...-м году в Москве.
- Рассказ был написан *когда/где?* ...

в) Имя автора

- В произведении, написанном *кем?* ...
  – Чеховым (Гоголем, Пушкиным, ...).
- Этот рассказ написал(а) *кто? (имя автора)*...
- Автором этого произведения является *кто? (имя автора)*...
- Это рассказ *кого? (имя автора)*...

г) Главная тема

- В рассказе (повести, романе, драме, сказке, басне) речь идёт о *ком/чём?* ...
- Тема рассказа (повести, романа, драмы, сказки, басни) – ...
- Автор пишет о *ком/чём?* ...
- Это произведение на тему *чего?* ...
- Данный текст посвящён теме *чего?* ...

2. Главная часть

а) Тематика и проблематика

- Автор рассказа (текста, повести, ...) пишет (рассказывает) о *ком/чём?* ...
- В данном тексте автор описывает (показывает) *кого/что?* ...
- Тема повести (романа, ...) – ...
- В этом рассказе речь идёт о *ком/чём?* ...
- Это повесть о *ком/чём?* ...
- В данном тексте говорится о том, что ...

Внимание

– без цитат
– настоящее время
– коротко
– нейтральный стиль

б) Место, время и развитие действия

- Действие рассказа происходит *где?* в ...
- Место действия – это ...
- Действие происходит в каком-то городе (в какой-то деревне) в России (в Германии, во Франции).
- Действие рассказа происходит *когда?*
  - в XIX-м (XX-м, XXI-м) веке
  - в прошлом году
  - в этом году
  - давным давно
- Неясно, где и когда происходит действие.
- Рассказ начинается (кончается) тем, что ...
- В рассказе (повествовании) ...
- В начале (сначала, затем, после этого, в конце) ...

в) Персонажи

- Главный герой (главная героиня, главные герои) – *кто?* ...
- Главным героем (главной героиней, главными героями) данного произведения является (являются) *кто?* ...
- Для этого персонажа характерно то, что ...
- Автор описывает внешность и характер главного героя (главной героини, главных героев).
- Мы узнаём факты из биографии персонажей.
- О внешности персонажей в тексте ничего не сказано.

3. Заключение

а) Точка зрения и мысли автора

- Автор отрицательно (положительно, иронически) оценивает главных героев.
- Трудно сказать, что автор думает об этой теме (о поведении главных героев), но мне кажется, что он (она) ..., потому что ...

б) Оценка произведения

- Это очень интересный (грустный, весёлый, странный) рассказ (роман, повесть, ...).
- Данный текст очень интересен (грустен, необычен).
- Я (не) согласен (согласна) с тем, что ...
- Это произведение мне (не) понравилось, потому что ...
- По-моему, то, что написано в рассказе, в жизни совсем иначе (действительно так).
- Мне кажется, что в тексте (совсем не) правильно говорится о *ком/чём?* ...
- Как хорошо (удачно) сказал (заметил) автор, ...
- Я думаю, что автор не совсем прав, когда он говорит о *чём/ком?*...

3 Анализировать литературный текст

Анализ литературного текста включает следующие аспекты:
1) анализ композиции текста,
2) анализ роли рассказчика и
3) анализ стилистических приёмов, которые использованы в тексте.

Анализ композиции литературного текста отличается от анализа нехудожественных текстов. Его можно разделить на три части:
- *введение,*
- *главная часть и*
- *заключение.*

1) *Анализ композиции рассказа*

введение

Сатирический рассказ Антона Павловича Чехова *Вверх по лестнице*, написанный автором в конце XIX-го века, делится на несколько частей.

главная часть

экспозиция

В экспозиции (ст. 1–4) читателю представляются главные персонажи и место, где происходит действие. Мы узнаём, что главными героями являются провинциальный советник Долбоносов и молодой студент-юрист Щепоткин, который пять лет тому назад был репетитором у детей Долбоносова. Они встречаются на вечере у князя Фингалова.

завязка

Завязка (ст. 6–20) обычно рассказывает о начале главного действия и о том, как развивается конфликт. В нашем случае Долбоносов начинает разговор с Щепоткиным и расспрашивает его о его карьере.

кульминация

В кульминации (ст. 21–28) конфликт достигает своего пика. В данном рассказе это тот момент, когда Долбоносов узнаёт, что Щепоткин женат на племяннице очень важного человека, статс-секретаря Лодкина.

перелом

После кульминации (ст. 29–31) следует, как правило, перелом, в котором действие меняется в неожиданную и иногда противоположную сторону. В рассказе *Вверх по лестнице* этим переломным моментом является неожиданное изменение в поведении Долбоносова по отношению к Щепоткину.

развязка

В развязке (ст. 32–35) конфликт решён. Долбоносов приглашает Щепоткин на обед к себе в гостиницу.

заключение

Можно сказать, что в данном рассказе перелом и развязка совпадают (ст. 29–35).

Схема композиции рассказа

экспозиция
представление обстоятельств и героев

завязка
Действие завязывается.

кульминация
Конфликт достигает пика.

перелом
Действие резко меняется.

развязка
разрешение конфликта

Полезные слова и выражения

1. Введение

а) Название произведения и жанр
б) Год и место публикации
в) Имя автора
г) Главная тема

→ 2. передавать основное содержание текста (резюме) (стр. 100)

д) Деление на части
- Данный текст можно разделить на две (три, четыре) части.
- Рассказ можно разделить на пять частей.
- Рассказ *кого?* (имя автора)... делится на несколько частей.

2. Главная часть

а) Экспозиция
- Первая часть рассказа – экспозиция.
- В экспозиции представлены главные герои.
- В экспозиции мы узнаём о месте и времени действия.
- Экспозиция – это изложение обстоятельств (место/время) и знакомство с героями.
- В экспозиции читатель знакомится с главными персонажами и местом, где происходит действие.

б) Завязка
- Вторая часть рассказа – завязка.
- Завязка обычно рассказывает о начале главного действия.
- Завязка – это та часть рассказа, в которой развивается конфликт.
- В завязке действие (конфликт) начинается.

в) Кульминация

- Третья часть рассказа – кульминация.
- В кульминации действие достигает своего пика.
- Кульминация – это та часть рассказа, в которой конфликт достигает своего пика.

г) Перелом

- Четвёртая часть рассказа – перелом.
- В переломе действие меняется в неожиданную (противоположную) сторону.
- Перелом – это та часть рассказа, в которой действие резко меняется.

д) Развязка

- Пятая (последняя)часть рассказа – развязка.
- Развязка – это та часть рассказа, в которой разрешается конфликт.
- Развязка – это разрешение конфликта.

3. Заключение

- Можно сказать, что в данном рассказе перелом и развязка совпадают.
- В данном случае кульминация и перелом совпадают.
- Композиция данного рассказа типична для сатиры.
- Очень трудно (легко) определить композицию данного текста.

2) Анализ роли рассказчика

введение

Рассказ Антона Павловича Чехова *Вверх по лестнице*, написанный автором в конце 19-го века, состоит в основном из диалогов.

главная часть

перспектива повествования

Действие рассказа передано от третьего лица. Рассказчик в самом начале рассказа представляет читателю главных героев и место, где происходит действие. В дальнейшем он только иногда комментирует высказывания персонажей и тем самым даёт читателю представление о своей позиции, о том, как он – и, может быть, даже автор – оценивает их высказывания и поведение.

характеристика персонажей

Можно сказать, что он не очень положительно относится к Долбоносову. Как пример можно привести следующие глаголы, которые рассказчик употребляет для комментариев-высказываний Долбоносова и которыми он характеризует его:

- «зевая в кулак» (ст. 6),
- «нахмурился» (ст. 8),
- «оглядывая Щепоткина» (ст. 8–9),
- «пробормотал» (ст. 15),
- «впадая в снисходительно-покровительственный тон» (ст. 16).

заключение

Хотя в рассказе много диалогов, рассказчик играет довольно важную роль, потому что он характеризует главных героев своими комментариями.

Полезные слова и выражения

1. Введение

а) Название произведения и жанр
б) Год и место публикации
в) Имя автора
г) Главная тема

2. передавать основное содержание текста (резюме) (стр. 100)

д) Роль рассказчика

- В данном тексте рассказчик играет главную (второстепенную) роль.
- Рассказ «...» состоит в основном из диалогов.
- В данном тексте очень много (мало) диалогов.

2. Главная часть

а) Перспектива повествования

- Действие передано (рассказывается) от первого (третьего) лица.
- Рассказчик (не) участвует в событиях рассказа.
- Рассказчик в данном рассказе – всевидящий (всезнающий).
- Всевидящий рассказчик знает и о чувствах, и о мыслях персонажей.
- В рассказе один рассказчик (два рассказчика).
- В рассказе два рассказчика: один рассказывает сам рассказ, другой рассказывает о действии, обрамляющем сам рассказ.

б) Характеристика персонажей рассказчиком

- Рассказчик комментирует поступки персонажей таким образом: ...
- Рассказчик употребляет для комментариев высказываний персонажей следующие слова: ...
- Рассказчик характеризует главных героев следующими языковыми средствами: ...
- Рассказчик оценивает поведение главного героя.
- Он положительно (отрицательно) относится к (этому) герою. Это видно по тому (из того), как (что) ...
- Эти (Следующие) выражения дают нам представление о позиции рассказчика: ...

3. Заключение

Оценка роли рассказчика

- В данном тексте рассказчик играет большую ((не)главную, важную) роль, потому что ...
- О роли рассказчика можно сказать то, что ...

3) Анализ стилистических приёмов в тексте

введение

В рассказе *Вверх по лестнице* Антона Павловича Чехова используются несколько стилистических приёмов, типичных для жанра сатиры.

главная часть

«говорящие» фамилии

Один из этих приёмов – необычные фамилии, которые характеризуют персонажей или подчёркивают их функцию в рассказе. Одного из главных героев зовут Долбоносов, от слова «долбить» и «нос». Он расспрашивает бывшего репетитора о его карьере и о том, сколько денег он зарабатывает, и тем самым суёт свой нос не в свои дела. Другого главного героя зовут Щепоткин – он отвечает на все вопросы Долбоносова, но неохотно рассказывает о своей жизни и карьере. Как говорит его фамилия, он даёт информацию о себе маленькими дозами. Статс-секретаря, на племяннице которого женат Щепоткин, зовут Лодкин, от слова «лодка». Он помогает Щепоткину перейти с одной стороны на другую, от незначительности к важности. Через него Щепоткин познакомился с Фингаловым. В фамилии князя заключено слово «фингал». Можно предположить, что его так зовут, потому что вечер у него становится неприятным для Долбоносова.

преувеличение

Преувеличение – другой приём сатиры. Долбоносов «вытаращил глаза» (ст. 27), что указывает на то, что он очень удивлён. Он обращается к Щепоткину «высокоуважаемый» (ст. 30) и говорит, что всегда желал ему «блестящую будущность» (ст. 30).

ирония, комизм

Это очень преувеличено и иронично, особенно потому, что он даже не помнит имя и отчество своего собеседника. Преувеличением также является и тот факт, что Долбоносов настолько неуверен в себе из-за неожиданно высокого статуса Щепоткина, что он начинает говорить очень медленно («пле-мян-ни-це») (ст. 29) и незаконченными предложениями (ст. 29–35).

абсурдность

недостаток в характере человека

критика

заключение

Резкое изменение в поведении Долбоносова – абсурдно и одновременно комично. То, что он обращает внимание только на положение человека в обществе, а не на самого человека, является недостатком в характере главного героя. Такое мышление и поведение типичны для общества XIX-го века, в котором система рангов определяла статус человека в обществе и отношения между людьми.

Хотя такое поведение, конечно, связано с системой рангов, автор сильно критикует его, так как для него самое важное – личная свобода и достоинство. Использованные им стилистические приёмы подчёркивают его точку зрения.

Полезные слова и выражения

1. Введение

а) Название произведения и жанр
б) Год и место публикации
в) Имя автора
г) Главная тема

2. передавать основное содержание текста (резюме) (стр. 100)

д) Стилистические приёмы
- В данном рассказе стилистические приёмы играют главную (второстепенную) роль.
- В данном тексте очень много (мало) стилистических приёмов.
- В рассказе «...» используются несколько стилистических приёмов, типичных для жанра сатиры.

2. Главная часть

Литературные приёмы сатиры

а) Необычные имена (фамилии, названия), неологизмы
- Автор использует необычные имена, например, ...
- Автор пользуется «говорящими» фамилиями, чтобы ...
- В тексте есть много неологизмов, например, ...
- Один из этих приёмов – необычные («говорящие») фамилии.

б) Преувеличение

- Преувеличение является одним из приёмов сатиры.
- Преувеличение – другой приём сатиры.
- В тексте можно найти несколько преувеличений.
- Рассказчик преувеличивает *что?*...
- Автор пользуется преувеличением, чтобы ...
- *Что?* ... преувеличено.

в) Описание абсурдных ситуаций

- Абсурдно то, что ...
- ... – абсурдно.
- Такого не может быть.
- Я не понимаю этого, это просто абсурдно.
- Это (поведение, мышление, событие) невероятно (непонятно, даже абсурдно).
- Это очень преувеличенно, особенно потому, что ...

г) Ирония, комизм

- В данном тексте (рассказе, отрывке текста) можно найти несколько примеров иронии (комизма).
- Ирония в том, что ...
- Это очень иронично (комично) потому, что ...
- Как пример иронии (комизма) можно назвать следующее: *что?*...
- *Что?* ... является иронией (комизмом).

д) Комическое изображение недостатков человеческого характера

- Поведение главного героя смешно (странно, непонятно, удивительно).
- То, что делает персонаж, очень странно.
- В поведении *кого?* ... видна слабость (сила) его (её) характера.
- Очевидно, персонаж не знает, как поступить в этой ситуации.
- Он(а) молчит (врёт, смеётся, уходит), потому что ...

е) Критика

- В данном тексте можно найти критику на *кого/что?* ...
- В этом рассказе критикуется *кто/что?* ...
- Автор критикует *кого/что?* ...
- Намерение автора – критика *кого/чего?* ...

3. Заключение

Оценка использования стилистических приёмов

- В данном рассказе стилистические приёмы играют главную (второстепенную) роль, потому что ...
- В рассказе автор использовал очень много (мало, несколько) стилистических приёмов, чтобы ...
- Использованные автором стилистические приёмы подчёркивают его точку зрения.
- Стилистические приёмы подчёркивают *что?* (критикуют *кого/что?*)...

4 Составлять характеристику

*Есть прямые (неопосредованные) и непрямые (опосредованные) характеристики. Если рассказчик говорит читателю о характере героя и называет разные черты характера героя, то это – **прямая характеристика**. Если читателю, исходя из поведения и мышления героя, самому нужно определить, какой у героя характер, или если рассказчик или другие персонажи текста комментируют поведение и высказывания героя – то это **непрямая характеристика**. В рассказе Чехова* Вверх по лестнице *нет прямой характеристики, поэтому данная характеристика является примером непрямой характеристки.*

введение

В рассказе Антона Павловича Чехова *Вверх по лестнице*, который был опубликован в 1885-м году, речь идёт о встрече двух людей и об их положении в обществе.

главная часть

об одном герое

Долбоносов – провинциальный советник, значит, у него средне-низкий ранг в «Табели о рангах». Он не ожидает увидеть на вечере у князя Фингалова бывшего репетитора Щепоткина и расспрашивает его о карьере и о том, сколько денег он зарабатывает. Как говорит его фамилия (Долбоносов – «долбить» и «нос»), он постоянно задаёт вопросы, и тем самым суёт свой нос не в свои дела. Можно сказать, что Долбоносов ведёт себя очень снисходительно. Он говорит «покровительственным тоном», перебивает Щепоткина, зевает и вообще считает себя намного важнее его («не как я»).

Но в конце рассказа, когда он понимает, что бывший студент имеет связи с очень важным человеком, он очень удивлён и ведёт себя совсем по-другому и даже приглашает его к себе на обед. Изменение его поведения выражается и в его языке: в начале он только задаёт вопросы, а в конце он хихикает и говорит незаконченными предложениями.

Долбоносов – человек, который обращает внимание на ранг, а не на самого человека (он даже не помнит имя и отчество Щепоткина). Так как он считает себя довольно важным человеком, ему неинтересно говорить с людьми ниже по рангу. Может быть, он приглашает Щепоткина только потому, что тот часто бывает у Лодкина и потому, что он надеется, что через него сам может познакомиться с ним.

о другом герое

О втором главном герое рассказа – Петре Иваныче Щепоткине – можно сказать, что он отвечает на все вопросы Долбоносова, но неохотно рассказывает о своей жизни и карьере. Как говорит его фамилия, он даёт информацию о себе маленькими дозами.

Щепоткин – человек, который идёт «вверх по лестнице»: Он был студентом-юристом и репетитором детей Долбоносова, но сейчас служит чиновником и работает секретарём. Ещё он женат на племяннице статс-секретаря Лодкина, но не чувствует себя из-за всего этого важным.

Щепоткин не сильно меняет своё поведение – и изменение поведения Долбоносова в конце рассказа ему безразлично.

В рассказе ничего не сказано о внешнем виде главных героев. Поэтому можно предположить, что такая ситуация могла произойти с любым человеком, что она типична для общества XIX-го века, в котором система рангов определяла статус человека в обществе и отношения между людьми.

заключение

Полезные слова и выражения

1. Введение

а) Название произведения и жанр
б) Год и место публикации
в) Имя автора
г) Главная тема

→ 2. передавать основное содержание текста (резюме) (стр. 100)

д) Имя главного героя
- Героя произведения зовут ...
- *Кто?* (имя героя) ... является главным героем (главной героиней) романа (рассказа, повести).
- *Кто?* (имена героев)... являются главными героями рассказа.
- *Кто?* (имя героя) ... занимает важное место в повествовании (рассказе).

2. Главная часть

а) Общая информация о герое (напр., возраст, профессия, семья)
- Персонажу... год (года, лет).
- Он(а) среднего возраста.
- Он(а) (очень) молодой(ая), (старый человек, ребёнок).
- Он(а) работает *кем?* ...
- У него (неё) есть семья (родители, брат, сестра).
- У него (неё) нет семьи.
- Он(а) живёт сегодня (в наши дни, жил(а) в *каком?*... году).
- Он(а) живёт (работает) *где?* ...

б) Внешний вид (напр., внешность, одежда, жестикуляция, мимика)

- У персонажа спортивная (идеальная, полная) фигура.
- Он(а) (человек) (не)высокого (среднего, маленького) роста.
- Персонаж выглядит *как?* (хорошо, плохо, устало).
- У главного героя (не)красивое (круглое) лицо.
- У персонажа голубые (тёмные, зелёные, добрые, умные, весёлые) глаза.
- У него (неё) маленький (большой, широкий, длинный) нос.
- У него (неё) тёмные (серые, светлые, длинные) волосы.
- У него лысина.
- Он(а) одет(а) *во что?* ... Он(а) носит *что?*...
- Он(а) одевается элегантно (модно, плохо, безвкусно, богато, бедно).
- Он(а) много (мало) жестикулирует.
- Он(а) (постоянно, никогда не) улыбается. У него (неё) весёлое (грустное) лицо.
- Он(а) смотрит (делает вид), как будто ...

в) Поведение и привычки персонажа

- Он(а) ведёт себя нормально (странно).
- Он(а) хороший (плохой, интересный, весёлый, простой, открытый, добрый, решительный, дисциплинированный, (не)тактичный, смелый) человек.
- Его (Её) поведение можно объяснить тем, что ...

г) Внутренний мир персонажа (напр., настроение, мысли, чувства)

- Он(а) чувствует себя хорошо (плохо, странно, (не)уверенно, (не)свободно).
- Ему (Ей) грустно (весело).
- Ему (Ей) очень интересно (важно) *что?*...
- Он(а) человек, который ...

д) Персонаж и окружающее его общество

- В рассказе он(а) (не) (сильно) меняет своё поведение.
- Он(а) (не) развивается как личность.
- Он(а) (не) общается с другими людьми.
- Его (Её) (не) интересует, что делают другие.

3. Заключение

а) Краткое резюме ваших взглядов

- Поведение главного героя типично (для общества XIX-го века).
- Персонаж рассказа – очень интересный (хороший, плохой) человек.
- Я (не) ожидал(а), что главный герой (главная героиня, главные герои) ...
- Я считаю, что главный герой (главная героиня, главные герои) ...
- Мне (не) нравится главный герой (главная героиня, главные герои), потому что ...

б) Сравнение с другими персонажами

- Главный герой (Главная героиня, Главные герои) вёл (вела, вели) себя как *кто?* ...
- Все персонажи в данном рассказе ...
- Мне кажется, что главные герои (не) (очень) сильно отличаются друг от друга.
- На мой взгляд, у главных героев есть несколько (много, мало) сходств (различий).

5 Делать запись в дневнике (блоге)

Запись в дневнике, конечно, дело очень личное. Дневник пишут только для самого себя. То, что написано в дневнике, никто другой не читает.
Исключением является блог. В нём тоже пишут о событиях, впечатлениях и чувствах, но с самого начала ясно, что это могут читать все.
Совсем другое дело – это запись в дневнике, как упражнение в классе. Независимо от постановки задания (нужно ли вам написать в дневник от вашего имени или имени одного из героев или человека) понятно, что это будет читать учитель или учительница и одноклассники. Поэтому вам нужно включить характерные элементы записи в дневнике, но не обязательно раскрывать ваши чувства. Так как запись в дневнике – особый жанр текста, вы можете заранее подумать и, может быть, даже сделать заметки о том, что вы будете писать «в дневник».

Из дневника главного героя Долбоносова

Санкт-Петербург, 14.03.1885

День какой! Сегодня вечером я был на вечере у князя Фингалова. Пришёл – и поговорить было не с кем. Вдруг я увидел бывшего репетитора Вити и Саши и начал разговор с ним. Оказывается, что бедный студент стал важным человеком: работает здесь и там, зарабатывает нормально – и даже знаком с Лодкиным! На племяннице женился. Ужас! Какая несправедливость! Я давно уже хотел познакомиться со статс-генералом, много лет работаю, работаю – а у меня просто не получается. А этот – даже забыл как его зовут – женился и всё. Как жаль, что я с „репетитором“ так говорил в начале. Как только узнал, какой статус у него сейчас, пригласил к нам на обед. Никогда не знаешь, кто когда окажется полезным. Но я думаю, что он не сердится. Посмотрим, придёт ли он.

Что случилось?

восклицания, чувства, мысли

Советы

– Определите место и время записи в дневнике.
– Пишите от первого лица.
– Все события описывайте от лица того, кто пишет в дневнике, это значит, что написанное не обязательно соответствует «объективной реальности».
– Используйте прошедшее время.
– Вспомните или придумайте чувства и мысли, вызванные или связанные с этим событием. Обычно в дневнике пишут только для самого себя о своих чувствах, идеях, мечтах. Поэтому запись в дневнике как упражнение в классе тоже должна включать высказывания об этих чувствах, мечтах и т. д.
– Сделайте заметки. (см. 1. Делать заметки, стр. 99)

– Найдите интересное введение.
– Если вы пишете с точки зрения героя рассказа, найдите всю информацию о нём в тексте, чтобы узнать больше о чертах его характера и чувствах. Вы можете добавить информацию о нём, которой нет в тексте, но которая соответствует характеру этого персонажа.
– Включите интересные, необычные детали.
– Используйте восклицания, которые подчёркивают ваши чувства или чувства человека, от лица которого вы пишете.

Полезные слова и выражения

1. Что случилось?

- Сегодня я был(а) *где?* (у *кого?*) ...
- Вот что сегодня случилось: ...
- Я встретила(а) *кого?*..., видел(а) *кого?*..., говорил(а) с *кем?*...
- Оказывается, что ...
- Мне (не) удалось ...
- У меня (не) получилось ...
- Ясно, что ...
- Дело в том, что ...
- С одной стороны,..., с другой стороны, ...
- Значит, ...

2. Ваши, чувства, мысли, мечты

- Какой сегодня день!
- Что за хороший (плохой, страшный, странный, весёлый) день!
- Ужас!
- Классно!
- Удивительное дело!
- Как хорошо, что ...
- Клёво!
- Какая несправедливость!
- Как жаль, что ...
- Я чувствую себя *как?* хорошо (плохо, странно).
- Мне грустно (весело).
- Я в восторге от *чего?* ...
- Это произвело на меня большое впечатление.
- Я думаю, что ...
- У меня есть идея: ...
- Вот что я хочу сделать: ...
- Я давно уже хотел (а) ...
- Моя мечта – ...

6 Написать сочинение

Задание, вопрос (тема сочинения): Ведут ли люди себя сегодня так, как вёл себя Долбоносов в рассказе А. П. Чехова *Вверх по лестнице*?

введение

Для того, чтобы ответить на данный вопрос, нужно сначала описать поведение и характер главного героя рассказа Антона Павловича Чехова *Вверх по лестнице*. Долбоносов – провинциальный советник, значит, у него средне-низкий ранг в обществе. На вечере у князя Фингалова он неожиданно встречает бывшего репетитора Щепоткина и начинает расспрашивать его о карьере и о том, сколько денег он зарабатывает. Как говорит его фамилия (Долбоносов – «долбить» и «нос»), он постоянно задаёт вопросы и тем самым суёт свой нос не в свои дела. Можно сказать, что Долбоносов ведёт себя очень снисходительно. Он говорит «покровительственным тоном», перебивает Щепоткина, зевает и, вообще, считает себя намного важнее его («не как я»).

главная часть

поведение героя

Но в конце рассказа, когда он понимает, что бывший студент имеет связи с очень важным человеком, он очень удивляется и начинает вести себя совсем по-другому и даже приглашает бывшего репетитора к себе на обед. Изменение его поведения выражается и в его языке: в начале он только задаёт вопросы, а в конце он хихикает и говорит незаконченными предложениями. Долбоносов – человек, который обращает внимание на ранг, а не на самого человека (он даже не помнит имя и отчество Щепоткина). Так как он считает себя довольно важным человеком, ему неинтересно говорить с людьми ниже по рангу. Может быть, он приглашает Щепоткина только потому, что тот часто бывает у Лодкина и потому, что он надеется, что через него сам может познакомиться с ним.

ответ на вопрос

Главные качества Долбоносова, которые определяют его поведение – это уважение не к самому человеку, а к его статусу в обществе, и заискивание с целью получить какие-то преимущества для себя.

Мне кажется, эти качества часто можно наблюдать и сегодня.

Как пример можно привести уважительное отношение людей к известным персонам. Молодые люди уважают, например, поп-звёзд, а пожилые люди – представителей дворянства, хотя они лично не знают этих людей. Значит, они уважают статус человека в обществе, а не самого человека. Они всё хотят о них узнать, покупают много журналов, в которых о них написано, и многие люди готовы почти на всё, чтобы с ними встретиться.

Многие люди часто ведут себя неестественно, когда хотят чего-нибудь добиться. Они делают что-то не потому, что они этого желают, а потому что такое поведение – путь к успеху. Например, поздороваться с учителем – нормальное поведение, носить его сумку – уже заискивание. Наверное, ученику нужна хорошая оценка.

В заключение можно сказать, что хотя с тех пор, как Чехов опубликовал свой рассказ, прошло более 125 лет, поведение, подобное поведению Долбоносова, можно наблюдать и сегодня. Хотя у нас сегодня другая общественная система, такое поведение часто встречается. Описанные Чеховым явления, очевидно, вечно живут в человеке.

заключение

Полезные слова и выражения

1. Введение

а) Название темы (цитаты, высказывания, тезиса, вопроса)
- Я цитирую *кого/что?* ...
- *Кто?* говорит, что ...
- В тексте написано, что ...
- Вопрос в том, ...
- *(Название темы, цитаты, высказывания, тезиса, вопроса)* ... – это так?

б) Общая информация о теме (об авторе, о времени)
- Это главная (важная, постоянная) тема автора.
- Данное высказывание – типично для автора.
- Многие писатели задавали этот вопрос в своих произведениях.
- На этот вопрос очень трудно ответить.
- Это очень интересный (важный, необычный) тезис.
- Сначала нужно выяснить следующее: ...
- Для того, чтобы ответить на данный вопрос, нужно сначала ...

Порядок аргументов

⇩	⇩
за – против	за
за – против	за
за – против	за
	против
	против
	против

2. Главная часть

а) Объяснение темы (цитаты, высказывания, тезиса, вопроса)
- Это можно объяснить так: ...
- Я так понимаю цитату (высказывание, тезис, вопрос): ...
- Мы видим, что ...
- Ясно (понятно), что ...
- Мне кажется, что ...
- Мне трудно объяснить цитату (высказывание, тезис, вопрос), потому что ...
- ..., наверное, ...
- Значит, ...
- Также ...

б) Обоснования, факты, примеры
- Как показывают факты (примеры), ...
- Это объясняется следующими фактами: ...
- Факт (Дело) в том, что ...
- Вот несколько примеров: ...
- ..., например, ...
- Как пример можно привести ...
- Важно (Стоит заметить, Ещё можно сказать), что ...
- С одной стороны,..., с другой стороны, ...
- Как уже было сказано (выше), ...
- Значит, ...
- Хотя ...
- Так как ...
- ..., потому что ...
- Поэтому ...
- Во-первых, ...
- Во-вторых, ...
- В-третьих, ...

3. Заключение

а) Оценка темы (цитаты, высказывания, тезиса, аргументов)
- В заключении можно сказать, что ...
- На этот вопрос трудно найти ответ, но я считаю, что ...
- (В принципе) Это (не)правильно (, но) ...

Внимание

в заключени<u>е</u> *Akk.* – zum Schluss, abschließend

в заключени<u>и</u> *Präp.* – im Schlussteil

б) Выводы
- Вот почему ...
- Таким образом, ...
- Очевидно ...
- Мы видим, что ...
- Становится ясно, что ...

в) Личное мнение
- Я согласен (согласна) с цитатой (высказыванием, тезисом).
- Я считаю (думаю), что ...
- По-моему, это очень важный (интересный, серьёзный) вопрос (тезис).

7 Разыгрывать роли (сценку)

Задание (описание ролей): Вы – участники конференции на тему *Туризм на Байкале – плюсы и минусы*.

Роль 1:
Вы - представитель большой туристической фирмы, которая планирует построить большую зону отдыха около озера Байкал. Вы считаете, что туризм очень важен для экономического развития региона. Экотуризм, в принципе, хорошее дело, но слишком дорогое.

Роль 2:
Вы – представитель неправительственной экологической организации. Вы согласны, что туризм очень важен для региона, но тем не менее он тоже опасен для природы. Большие зоны отдыха разрушают жизненное пространство многих редких животных и растений. Поэтому Вы хотите развивать экологический туризм. Но для этого Вам нужна финансовая помощь.

(Роль 3: пресс-секретарь губернатора байкальского региона.)

Роль 1:
- *туризм важен для региона: много рабочих мест; больше туристов → больше денег, напр., для школ*
- *туризм для природы лучше, чем промышленность*

...

Роль 2:
- *туризм: хорошо, но и опасно*
- *больше туристов → меньше места для редких животных*
- *экотуризм не мешает природе; помогает жителям защищать природу*

...

Шаги

1. Если не указано в задании, определите, какую сценку вы хотите разыграть. Найдите интересную тему или сцену (в тексте), которую можно хорошо поставить.

2. Распределите роли.
   Если не хватает ролей для каждого в группе, подумайте о других возможностях:
   - деление роли,
   - дополнительный персонаж,
   - реквизит.

3. Напишите текст для каждой роли.
   1) для дискуссии:
      - Сделайте заметки о важных аргументах и примерах из вашей роли и напишите их на карточках. (см. 1. Делать заметки, стр. 99)
      - Выучите текст роли. Используйте выражения для обоснования вашего мнения. (см. 15. Высказывать и обосновывать мнение, стр. 144)
   2) для сценки:
      - Напишите текст на карточках и, если возможно, выучите текст вашей роли.

4. Определите, кто будет что, где и когда делать.
   Не забудьте о жестах и мимике!

(5. Найдите, изготовьте или принесите реквизиты и костюмы.)

6. Репетируйте. Спросите о возможности репетировать в другой комнате.

8 Описывать и анализировать картину

Время создания: 1899 год
Размер: 116 x 80 см
Материалы: холст, масло
Место нахождения: Третьяковская галерея, Москва

Художник: Ви́ктор Васнецо́в
Название картины: Снегу́рочка

общие данные и создание картины

Картина *Снегурочка* написана известным русским художником Виктором Васнецовым в конце XIX-го века, в 1899-м году. Картина находится в Третьяковской галерее. Картина написана маслом на холсте. Размер картины – 116 на 80 сантиметров.

композиция картины

В центре картины мы видим девушку. Название картины прямо говорит, что это Снегурочка – внучка Деда Мороза, персонаж русских сказок. Художник создал типичный образ Снегурочки: она одета в тёплое длинное пальто и шапку. На переднем плане – три маленькие ёлочки, а на заднем плане слева – тоже деревья, но мы не знаем какие, так как художник использовал здесь только тёмные краски. Наверное, на заднем плане справа, нарисована деревня: мы видим огоньки, которые похожи на свет в окнах домов. Время года – зима. Лежит снег. Ночь. Небо тёмное, сине-зелёного цвета, а на небе видно несколько звёздочек. Для изображения девушки и снега художник использовал светлые краски. Всё остальное написано тёмными красками.

интерпретация картины

С одной стороны, картина передаёт настроение одиночества. Мы видим девушку, которая одна ночью идёт по зимнему лесу. Но с другой стороны, это не грустная картина, наверное, потому, что художник использовал для большей части картины очень светлые краски.

впечатления от картины

Картина Васнецова Снегурочка мне очень нравится.

Полезные слова и выражения

1. Общие данные картины

- Картина, которую я хочу описать, называется ...
- Автор картины – *кто?* ...
- Картина была написана *кем?*...
  - (не)известным русским художником (известной русской художницей) ...
- Автор картины – художник-портретист (пейзажист, представитель русского реализма).
- Портрет был нарисован *когда?*...
  - в начале (конце) прошлого (XIX-го, ...) века.
  - в 1899-м году.
- Картина висит *где?* ...
  - в галерее (музее) ...
- Я увидел(а) эту картину (этот портрет) *когда? где?* ...
  - первый раз (в 2010-м году) в галерее (в журнале) ...

2. Создание картины

- Художник (Художница) написал(а) (нарисовал(а)) картину маслом на холсте (акварелью, тушью, карандашом).
- Размер картины – ...

3. Композиция картины

- В центре картины находится (находятся) *кто/что?* ...
- Центральное место в картине занимает *кто/что?* ...
- На переднем плане – *кто/что?* ...
- На заднем плане картины мы видим *кого/что?* ...
- В левой (правой) части картины мы видим *кого/что?* ...
- Художник написал картину яркими (пастельными, холодными, тёплыми, светлыми) красками.
- Автор картины использовал в основном тёмные (светлые) краски.

4. Интерпретация картины

- Художник (Художница) передаёт
  - настроение *какое?* ...
  - чувство *чего?* ...
  - характер *кого/ чего?* ...
- Он(а) создал(а) образ *кого/чего?* ...
- Художник (Художница) выражает свои мысли о *чём?* ...

5. Впечатления от картины

- Мне нравится картина, потому что ...
- Картина создаёт радостное (весёлое, грустное) настроение.
- Картина вызывает чувство радости (счастья, грусти, одиночества, удивления).
- Она производит на меня сильное (приятное) впечатление.

9 Описывать и анализировать карикатуру

описание карикатуры

На карикатуре изображён школьный класс. Все ученики сидят перед компьютерами. Учитель стоит перед классом и держит в правой руке над головой книгу и говорит: «Это книга». По выражению лиц учеников можно заметить, что они удивлены. Люди на этой карикатуре, их жесты и мимика изображены преувеличено.

интерпретация карикатуры

Можно по-разному интерпретировать эту карикатуру. С одной стороны, она показывает современное общество, в котором молодое поколение не знает, что такое книга, так как воспринимает всю информацию в электронном виде. С другой стороны, эта карикатура также может являться критикой развития сегодняшнего общества, в котором компьютер заменяет образование и социальные контакты, реальную жизнь. Учитель, который представляет старое поколение и школьную систему, пытается объяснить классу смысл и ценность образования в форме книги.

В нашем обществе компьютер играет очень важную роль для большинства людей, поэтому совершенно не удивляет, что и детский мир развивается в том же направлении. Молодёжь на компьютере, слушает музыку, смотрит фильмы, играет в компьютерные игры, даже ест перед компьютером; т.е. она проводит бóльшую часть своего свободного времени не в реальном мире, и не с книгой в руке. Я думаю, что данная карикатура смешная. То, что она изображает – ещё не действительность, но нужно подумать о том, какое место в нашей жизни должны занимать техника и образование, и как мы проводим своё свободное время.

оценка карикатуры

Полезные слова и выражения

1. Описание карикатуры

а) Общие данные о карикатуре
(в самом начале или в самом конце (или во второй части, если эта информация помогает интерпретировать карикатуру))

- Карикатура называется ...
- Название карикатуры – ...
- Она нарисована *кем?* ...
- Данную карикатуру нарисовал(а) *кто?* ...
- Автор карикатуры – *кто?* ...
- Данная карикатура была опубликована *где?*
  - в России (в Москве),
  - в журнале (газете) ...
- Карикатура была опубликована *когда?* ...
  - в XX-м веке (в 2011-м году).
  - недавно,
  - один день (месяц, одну неделю) тому назад.

б) Тема карикатуры

- На карикатуре изображён (изображена, изображено) *кто/что?* ...
- Данная карикатура – на тему *чего?* ...
- Тема данной карикатуры – ...
- Люди, изображённые на карикатуре, делают *что?* (занимаются *чем?*) ...
- На карикатуре происходит следующее: ...

в) Композиция карикатуры

- В центре карикатуры изображён (изображена, изображено) *кто/что?* ...
- В центре карикатуры находится (находятся) *кто/что?* ...
- На переднем (заднем) плане карикатуры мы видим *кого/что?* ...
- В левой (правой) части карикатуры – *кто/что?* ...
- Центральное место на этой карикатуре занимает *кто/что?* ...

г) Особенности изображения

- Изображение (не)реалистично.
- Автор карикатуры использовал(а) *какие?* ... краски.
  – яркие (светлые, тёмные)
- В карикатуре создаётся комический эффект.
- Особенность данной карикатуры заключается в том, что ...

2. Интерпретация карикатуры

а) Тема карикатуры

- Данная карикатура – на тему *чего?* ...
- Тема данной карикатуры – ...

б) Объяснение карикатуры

- Данную карикатуру можно объяснить так: ...
- О теме карикатуры мы знаем, что ...
- Я так понимаю карикатуру: ...
- Мне кажется, что автор карикатуры передаёт
  – *какое?* ... настроение.
  – чувство *чего?* ...
  – характер *кого/чего?* ...
- Он(а) создал(а) образ *кого/чего?* ...
- Карикатурист (Карикатуристка) выражает свои мысли *о чём?* ...

3. Оценка карикатуры

а) Критика

- В карикатуре критикуют *кого/что?* ...
- Карикатура – критика *кого/чего?* ...
- Автор карикатуры критикует *кого/что?* ...
- По-моему, критика данной карикатуры состоит и в том, что ...
- В данной карикатуре критикуется *кто/что?* ...

б) Личное мнение

- Я считаю, что карикатура (очень) хорошо (плохо) удалась.
- Данная карикатура (очень) хорошо (плохо, интересно, необычно) нарисована.
- По-моему, автору карикатуры удалась критика *кого/чего?*.
- О теме карикатуры я думаю следующее: ...
- Мне нравится карикатура, потому что ...

10 Анализировать стихотворение

[1] кривить *uv.* – verziehen, schief machen

[2] теребить *uv.* – *hier:* zupfen

Не криви́[1] улы́бку, ру́ки теребя́[2],—
Я люблю́ другу́ю, то́лько не тебя́.

Ты сама́ ведь зна́ешь, зна́ешь хорошо́ —
Не тебя́ я ви́жу, не к тебе́ пришёл.

Проходи́л я ми́мо, се́рдцу всё равно́ —
Про́сто захоте́лось загляну́ть в окно́.

С. Есе́нин, 1925 г.

введение

Данное стихотворение о любви было написано известным русским поэтом Есениным в 1925-м году. У стихотворения нет названия.

анализ текста

главная часть

Оно состоит из трёх строф, каждая из которых, в свою очередь, состоит из двух строк. В первой и третьей строфе присутствует парная рифма, во второй строфе неточная рифма. В данном тексте автор использует несколько стилистических приёмов, например, приём аллитерации (ст. 5, 6), которая соединяет слова и строки на звуковом фоне и на смысловом уровне. Анафора в четвёртой строке подчёркивает важность её содержания для всего стихотворения. Можно сказать, что несколько строк построены на отрицании (ст. 2, 4).

интерпретация

В произведении лирический герой обращается к любящей его женщине, к её чувствам, на которые он не может ответить. Он пытается объяснить ей своё безразличие по отношению к ней и отсутствие каких-либо нежных чувств, так как он любит другую. Автор произведения известен не только своими великолепными стихами, но и своим образом жизни: у него было много женщин. Можно предположить, что в данном стихотворении присутствуют автобиографические элементы. Поэтому можно сказать, что в этом стихотворении лирическое Я – романтический герой – совпадает с самим автором.

заключение

Мне кажется, что данное стихотворение и сегодня актуально. Любовная лирика никогда не теряет своей актуальности, так как любовь – это чувство, которое существует всегда. Данное стихотворение производит на меня сильное впечатление, но оставляет не очень приятное чувство.

Полезные слова и выражения

1. Введение

а) Название стихотворения

- Стихотворение «...» ...
- Данное стихотворение называется ...
- Название данного стихотворения – ...
- У данного стихотворения нет названия.

б) Имя автора

- Автор (данного, этого) стихотворения – ...
- *Кто?...* написал стихотворение ...
- Автором произведения является *кто?* ...

в) Год и место публикации

- Стихотворение было опубликовано в *каком году?...*
- Оно было опубликовано *где?* в журнале (газете, ...).

г) Главная тема

- В данном (этом) стихотворении речь идёт о *ком/чём?* ...
- Это стихотворение о *ком/чём?* ...
- Тема стихотворения «...» – ...
- Главной темой этого стихотворения является *что?* ...

2. Главная часть

I. Анализ текста

а) Форма

- Данное стихотворение состоит из двух (трёх, четырёх) строф.
- Строфа стихотворения состоит из двух (трёх, четырёх) строк.
- В данном тексте говорится о том, что ...

б) Рифмовка

- Данное стихотворение (не) рифмуется.
- Рифмовка стихотворения – ааббвв.
- Это перекрёстная (абаб) (охватная (абба), парная (аабб), неточная) рифма.

в) Стилистические приёмы

- В данном стихотворении можно найти несколько стилистических приёмов.
- В этом стихотворении много метафор (аллитераций, анафор, персонификаций, сравнений).
- Одним из стилистических приёмов в стихотворении является *что?* ...

г) Особенности
- У данного стихотворения следующая(ие) особенность(и): ...
- Удивительно, что в стихотворении ...

II. Интерпретация

а) Краткое содержание
- В данном (этом) стихотворении речь идёт о *ком/чём?* ...
- В стихотворении *кто?* ... делает (говорит) *что?* ...
- В произведении лирическое *Я* (лирический герой) обращается к *кому?* (делает *что?*) ...

б) Интерпретация на базе знаний об авторе и эпохе
- Стихотворение можно понять так: ...
- Смысл стихотворения заключается в том, что ...
- В стихотворении *что?* ... является символом *чего?* ...
- Стихотворение критикует *кого/что?*...
- Так как автор данного стихотворения ...
- Можно предположить, что в данном стихотворении присутствуют автобиографические аспекты.
- Как известно, в эпоху *чего?* ... реализма (романтизма) ...
- Во время публикации стихотворения ...
- Когда стихотворение было опубликовано, в России (Германии) ...

3. Заключение

а) Выводы
- В заключение можно сказать, что ...
- Можно сделать следующие выводы: ...
- Из этого следует, что ...

> Внимание
>
> в заключение *Akk.* –
> zum Schluss, abschließend
>
> в заключении *Präp.* –
> im Schlussteil

б) Связь с настоящим временем
- Тема стихотворения и сегодня актуальна.
- Тема стихотворения – (не) (очень) интересная (актуальная, важная).

в) Личное мнение
- На мой взгляд, (не)хорошо (плохо), что ...
- Мне (не) (очень) нравится, что ...
- Мне кажется, ... *что?* (не) (очень) хорошо удалось.
- Данное стихотворение производит на меня сильное впечатление.
- Стихотворение оставляет ((не) очень) приятное чувство.
- Я (не) думаю (считаю), что ...

11 Анализировать песню

Песню *Я то, что надо* поют в кинофильме *Стиляги* (см. 14. *Анализировать фильм*, стр. 140)

Я то, что на́до

Ты
С высоты́
Красоты́ свое́й меня́ не замеча́ешь.
Но я смогу́ сде́лать так,
Что ты меня́ ещё узна́ешь.

Припев:
Пуска́й сего́дня я никто́,
И пусть твердя́т тебе́, что я не то,
Но! Дай мне э́тот день,
Дай мне э́ту ночь,
Дай мне хоть оди́н шанс -
И ты поймёшь:
Я то, что на́до.
Дай мне э́тот день,
Дай мне э́ту ночь,
Дай мне хоть оди́н шанс -
Ты не уснёшь,
Пока́ я ря́дом.

Эй,
Пожале́й,
Что таки́х парне́й ты ра́ньше не
встреча́ла.
Но
Для тебя́
Изменю́ себя́ и всё начну́ снача́ла.

Припев

Автор музыки: Вале́рий Сю́ткин
Автор слов: О́льга Ципеню́к (по тексту Валерия Сюткина)
Исполнитель: Анто́н Ша́гин

введение

Слова и музыка к песне *Я то, что надо* были написаны заслуженным русским певцом и музыкантом Валерием Сюткиным. В фильме *Стиляги* (2008 г.) эту песню исполняет Антон Шагин. Песню можно отнести к жанру джаза.

анализ текста

главная часть

В тексте песни парень пытается убедить девушку дать ему шанс доказать ей, что он для неё как раз «то, что надо», то есть самый лучший. В фильме песня используется, чтобы показать чувства главного героя, который влюбился в красивую девушку-стилягу.

анализ мелодии

Песня состоит из двух куплетов и припева, который поётся два раза, после каждого куплета, а вторая половина куплета повторяется вновь после соло. Поскольку в песне мало текста, главную роль играет музыка. Рифмовка текста регулярна и не меняется. Мелодия песни имеет элементы джаза. Главные инструменты – контрабас, электрогитара, саксофон. Песню поёт солист. Куплеты в основном играются тихо, а в припеве громкость нарастает. После второго припева играется соло на саксофоне, после чего вторая половина куплета повторяется и песня оканчивается джазовым аккордом.

заключение

По-моему, песня отлично подходит к фильму. Во-первых, она очень хорошо схватывает и передаёт чувства главного персонажа, а, во-вторых, она прекрасно подходит к имиджу стиляг, которые любили джаз, так как он был частью американской культуры, которая была основой для движения стиляг.

Полезные слова и выражения

1. Введение

а) Название песни
- Данная песня называется ...
- Название данной песни – ...

б) Имя автора (композитора, исполнителя)
- Автор (данной, этой) песни – ...
- *Кто?*... написал песню «...».
- Композитором песни является *кто?* ...
- *Кто?*... написал (сочинил) слова (музыку) к песне ...
- ... в исполнении *кого?* ...

в) Выход в свет (год, место)
- Песня была написана в *каком году?*...
- Песня вышла в свет в *каком году?*...
- Она включена *куда?*...
  – в новый альбом группы ...
  – в саунд-трек к фильму ...

г) Главная тема
- В данной (этой) песне речь идёт о *ком/чём?* ...
- Эта песня о *ком/чём?* ...
- Тема песни – ...
- Главной темой этой песни является *что?* ...

2. Главная часть

I. Анализ текста

а) Краткое содержание
- В данной (этой) песне речь идёт о *ком/чём?* ...
- В песне *кто?* ... делает (говорит) *что?* ...

б) Интерпретация песни
- Песню можно понять так: ...
- Смысл песни заключается в том, что ...
- В песне *что?* ... является символом *чего?* ...
- Песня критикует *кого/что?*...
- Намерение автора песни – ...
- Так как автор данной песни ...
- Когда песня появилась, ...

в) Форма
- Данная песня состоит из двух (трёх, четырёх) куплетов.
- У данной песни есть припев (нет припева).
- Куплет (припев) песни состоит из двух (трёх, четырёх) строк.

г) Рифмовка
- Данная песня (не) рифмуется.
- Рифмовка песни – ааббвв.
- Это ... рифма.
  - перекрёстная (абаб)
  - охватная (абба)
  - парная (аабб)

д) Стилистические приёмы
- В данной песне можно найти несколько стилистических приёмов.
- В этой песне много метафор (аллитераций, анафор, персонификаций, сравнений).
- Одним из стилистических приёмов в песне является *что?* ...

е) Особенности
- У данной песни следующая особенность (следующие особенности): ...
- Удивительно, что в песне ...

II. Анализ мелодии песни

- Музыка живая (медленная, монотонная, разнообразная) ... .
- Мелодия (ритм) песни (не) подходит к словам (подчёркивает текст, смысл) песни.
- Мелодия песни имеет элементы *чего?* ... джаза.
- Мелодия в основном играется на *чём?*...
  – контрабасе (электрогитаре, саксофоне).
- Настроение песни – ...
- Эту песню поют (исполняют) мужчина и женщина.
- Песню поёт солист (солистка).
- Мелодию песни исполняют много (несколько) музыкантов.
- Песня относится к жанру джаз- (поп-, рэп-, классической) музыки.
- Соло играется на *чём?* ...
  – контрабасе (электрогитаре, барабане, саксофоне).
- Припев поётся два (три, четыре) раза.
- *Что?* ... играется тихо (громко).

3. Заключение

а) Основные знания о песне
- Тема песни – (не) (очень) интересная (актуальная, важная).
- Эту песню сейчас часто играют по радио (на MTV).
- Скоро будет концерт этой группы (этого исполнителя).

б) Личное мнение
- На мой взгляд, (не)хорошо (плохо), что ...
- Мне (не) (очень) нравится, что ...
- Мне кажется, *что?* ... (не) (очень) хорошо удалось (удался, удалась, удались), потому что ...
- Данная песня производит на меня сильное впечатление, потому что ...
- По-моему, ...
- Я (не) думаю (считаю), что ... , потому что ...

12 Анализировать статистику

В каком спортивном кружке вы хотели бы заниматься?
(учебный год 2011–2012)
(% от тех, кто хочет участвовать, возможен только один ответ)

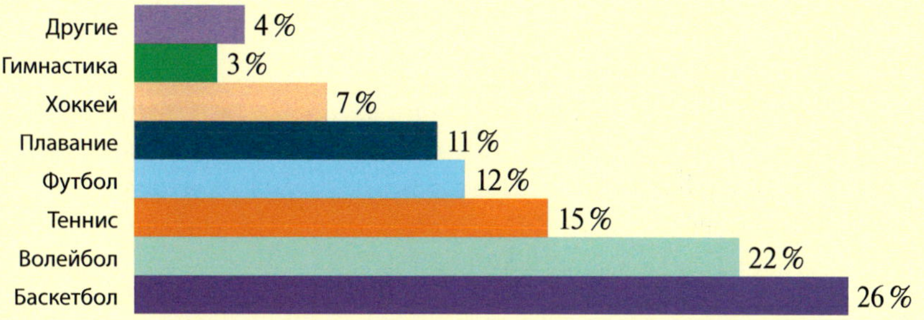

опубликована на интернет-сайте гимназии им. Вильштэттера в Нюрнберге, 01. 10. 2011

введение

В гимназии им. Вильштэттера в Нюрнберге в учебном году 2011/2012 хотят создать спортивный кружок. Поэтому учеников спросили, каким видом спорта они интересуются.

форма статистики

Статистика была опубликована в начале учебного года на интернет-сайте школы. Данная статистика представлена в форме столбчатой диаграммы. Указано, что возможен только один ответ. Данный опрос учитывает ответы лишь тех, кто выразил желание участвовать в каком-либо кружке. О тех, кто не хочет заниматься спортом в школьном кружке, в статистике ничего не сказано.

описание и объяснение статистики

Из статистических данных видно, что 26 процентов хотели бы играть в баскетбол, 22 процента в волейбол, 15 процентов в теннис и 12 процентов в футбол. Плаванием интересуются только на один процент меньше – 11 процентов. 7 процентов хотели бы играть в хоккей. Только три процента хотели бы заниматься гимнастикой. Четыре процента хотели бы тренироваться в других спортивных кружках.

выводы

Можно сказать, что в этой гимназии очень популярны командные вида спорта с мячом. Наверное, в этом учебном году откроется новый баскетбольный кружок.

Полезные слова и выражения

1. Общие данные о статистике

а) Главная тема статистики

- Данная статистика показывает результаты опроса *кого?* ... на тему *чего?* ...
- Статистические данные показывают, что ...
- Это статистика о *чём?* ...

б) Данные о публикации

- Статистика была опубликована *где?* ...
  - в газете (в журнале, на интернет-сайте) ...
- Данная статистика была опубликована *когда?* ...
  - сегодня (вчера, восьмого декабря).
  - в этом (прошлом) году ((не)давно).
- Статистика была составлена *кем?* ...
  - известным институтом,
  - фирмой ...,
  - университетом им. ...,
  - департаментом *чего?*...

2. Форма статистики

- Статистические данные представлены в форме *чего?* ...
  - таблицы (графика).
  - столбчатой (круговой) диаграммы.
- Указано, что ...
- Красным цветом обозначен(ы) *кто/что?* ...

3. Описание и объяснение статистики

- Из статистических данных видно, что ...
- Статистика показывает, что 25 % *кого/чего?* ...
- О тех, кто ..., в статистике сказано, что ...
- Только на один процент (два, три процента) меньше (больше) ...

Вспомните

25 % = двадцать пять процентов

22,3 % = двадцать два и три десятых процента

1/3 = одна треть

> 50 % = больше половины

4. Выводы

- Из статистического материала следует, что ...
- Бо́льшая (ме́ньшая) часть *кого/чего?*...
  - респондентов (людей, населения) думает, что ...
  - молодых (пожилых) людей думает, что ...
  - школьников (студентов, родителей) думает, что ...
- Можно сказать, что (примерно) половина (большинство) людей считает, что ...
- Почти все хотят (желают) *чего?* ...
- Почти никто не хочет (желает) *чего?* ...
- Все согласны (никто не согласен) с *кем/чем?* ...

13 Написать письмо (e-mail)

1) Официальное (Деловое) письмо

[1] фамилия, имя, отчество

отправитель:
ФИО[1], адрес, телефон
(и e-mail)

ОАО «Центральный универсальный магазин»
420234 г. Казань,
ул. Санкт-Петербургская, 2

Ступин А. С.
420234, г. Казань
ул. Чистопольская, 56
Тел.: (843) 527-80-72

получатель:
(*кому?* ответственный (ФИО[1])),
название фирмы (организации, учреждения), её (его) адрес

Казань, 11 января 2012

место, дата

приветствие и обращение

Уважаемые господа,

я был постоянным клиентом ЦУМа в течение шести лет. Я всегда с удовольствием делал покупки в вашем магазине. Недавно я купил мобильный телефон и был очень разочарован конструкцией прибора. Телефон неудобен в обращении и его трудно настраивать.
[...]
Надеюсь на скорейший ответ.

С уважением,
Ступин А. С.

заключительная форма вежливости и подпись

Полезные слова и выражения

1. Вступительная часть письма

а) Название места, дата
- Москва, 25 ноября 2011
- Нюрнберг, 11/01/11 (число/месяц/год)

б) Название организации и её адрес
- ОАО ..., Департамент ...
- Россия, 117996, г. Москва, ул. Сивашская, 15, д. 2

в) Приветствие и обращение
- Уважаемые господа, ...
- Дорогая Ирина Михайловна, ...
- Уважаемый Михаил Васильевич, ...

Официальное письмо = «официальный» язык!

2. Заключительная часть письма

а) Просьбы, пожелания, извинения
- Надеемся, что наша просьба будет выполнена.
- Спасибо за помощь в этом вопросе.
- Спасибо за скорый ответ.
- Надеемся на дальнейшее сотрудничество.
- С пожеланием успехов.
- Убедительно просим Вас не задерживать ответ.
- Просим извинить нас за задержку с ответом.
- Надеюсь на скорейший ответ.

б) Заключительная форма вежливости и подпись
- С уважением, (имя и фамилия).
- До свидания.
- Ваш(а) ...

2) Сопроводительное письмо

получатель:
(*кому?* ответственный (ФИО)),
название фирмы (организации, учреждения), её (его) адрес

Романовой М. К.
Магазин тканей «Фея»
118453 Москва
ул. Кантемировская, д. 47

отправитель:
ФИО[1], адрес, телефон
(и e-mail)

Леонова Н. С.
117638 Москва
ул. Сивашская, д. 6, корп. 1, кв. 94
nsleonova@gmail.com
Тел.: 7-495-427-2519

Москва, 8 декабря 2011

место, дата

тема

Практикант с функциями помощника руководителя

приветствие и обращение

Уважаемая Марина Константиновна,

я Вам пишу по поводу объявления в газете «Коммерсант» о практике в Вашей фирме.
[...]
Я была бы рада возможности прийти на собеседование и пройти у Вас практику.

С уважением,
Леонова Нина Сергеевна

заключительная форма вежливости и подпись

Полезные слова и выражения

1. Вступительная часть письма

а) Название места, дата

б) Название фирмы (организации, учреждения) и её (его) адрес

→ 1) официальное (деловое) письмо (стр. 135)

в) Тема письма
- напр. *Практикант с функциями помощника руководителя*

г) Приветствие и обращение
- Уважаемые господа, ...
- Дорогая Ирина Михайловна, ...
- Уважаемый Михаил Васильевич, ...
- Я Вам пишу по поводу объявления в газете «...».
- Я хочу пройти практику в Вашей фирме.

2. Заключительная часть письма

Заключительная форма вежливости и подпись
- Я был(а) бы рад(а) возможности прийти на собеседование.
- Я был(а) бы рад(а) возможности пройти у Вас практику (пройти практику в вашей фирме).
- С уважением, (имя и фамилия).

3) Письмо читателя

отправитель:
ФИО[1], адрес, телефон
(и e-mail)

получатель:
кому?
ответственный (ФИО), название газеты (журнала, издательства), её (его) адрес

Главному редактору журнала «Метрополит»
124022 Москва,
ул. Садовая, д. 23
ЗАО «Издательский Дом Метрополит»

Леонова Н. С.
117638 Москва
ул. Сивашская,
д. 6, корп. 1, кв. 94
nsleonova@gmail.com

тема

По поводу статьи «Москва – магнит молодёжи»

место, дата

Москва, 23 июня 2011

приветствие и обращение

Уважаемый господин редактор,

я с интересом прочитала статью «Москва – магнит молодёжи» в Вашем журнале № 17 от 20-го июня 2011 года.
[...]
Я надеюсь, что моё письмо будет опубликовано.

С уважением,

Нина Сергеевна

заключительная форма вежливости и подпись

Полезные слова и выражения

1. Вступительная часть письма

а) Название места, дата

б) Название газеты (журнала, издательства) и её (его) адрес

→ 1) официальное (деловое) письмо (стр. 135)

в) Приветствие и обращение

- Добрый день, уважаемая редакция (*газеты, журнала «...»*) ...
- Уважаемый господин редактор (*газеты, журнала «...»*) ...
- Дорогая Ирина Михайловна, ...
- Уважаемый Михаил Васильевич, ...
- Я с интересом (удовольствием, досадой) прочитал(а) *что?* ...
- По теме *чего?* ... я хочу сказать следующее: ...
- То, что было опубликовано в Вашем журнале, я так не могу оставить.

2. Заключительная часть письма

- Я надеюсь, что этот материал будет опубликован.
- С уважением, (*имя и фамилия*).
- До свидания.
- Ваш(а) ...

4) Неофициальное (Электронное) письмо

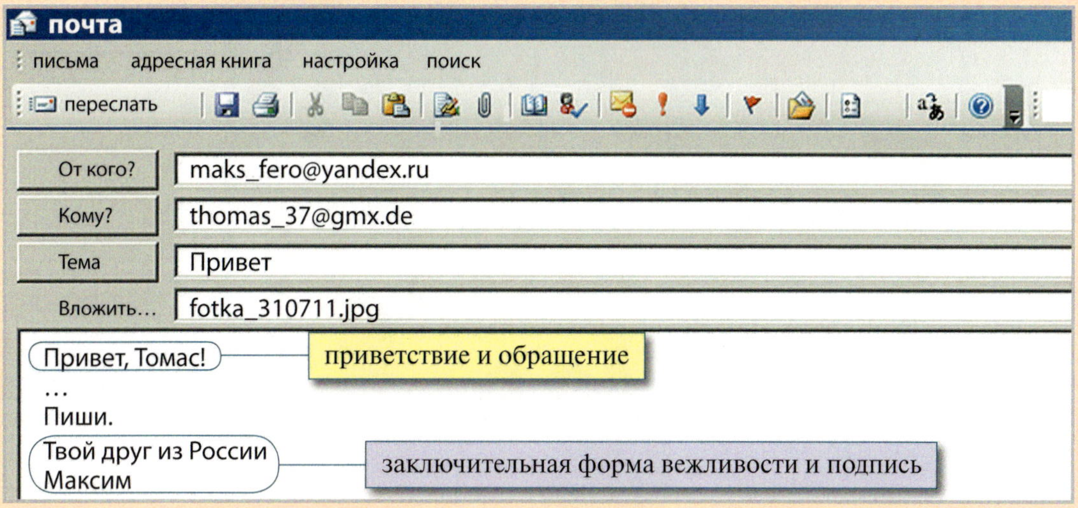

Полезные слова и выражения

1. Вступительная часть письма

Приветствие и обращение

- Дорогая Лена! Дорогой Саша!
- Дорогая Лиза, здравствуй!
- Привет, Витя!
- Дорогой мой Миша!
- Милые (любимые) мои Маша и Даша!
- Дорогие мои мамочка и папочка!
- Дорогая Ирина Михайловна!
- Уважаемый Михаил Васильевич!

2. Заключительная часть письма

- Ну, вот и всё.
- Жду твоего (Вашего, скорого) ответа.
- Радуюсь новой встрече.
- До (скорой) встречи.
- До свидания.
- Пока!
- Передай(те) привет *кому?* ...
- Пиши(те)!
- Пиши(те) о себе и о *ком/чём?* ...
- Обнимаю и целую.
- Всего хорошего (доброго)!
- Твой (Твоя) ...
- Ваш(а) ...
- С любовью, Надя.
- С уважением, Антон.

Анализ отрывка
Ты Любишь Буги-Вуги?
из фильма *Стиляги* (Россия, 2008 г.)
режиссёр: Вале́рий Тодоро́вский
1:59 мин
ссылка: youtube

введение

В отрывке из российского кинофильма 2008-го года *Стиляги* режиссёра Валерия Тодоровского «Ты любишь буги-вуги» речь идёт о том, как правильно танцевать этот танец.

сценарий

главная часть

Действие происходит в Москве в конце 50-х годов дома у одного молодого человека, который очень хорошо танцует. Он хочет научить другого танцевать буги-вуги и рассказывает ему о разных стилях танца, но другому теория не интересна. Сначала он – робкий, стеснительный парень – не знает как двигаться, хотя он спортсмен. Но, как говорит его друг, здесь не нужно «сильнее, быстрее, выше»; в буги-вуги самое главное – это «драйв и энергия».

В конце отрывка из фильма они танцуют по всей квартире. Но когда неожиданно появляются родители молодого человека, то они – и музыка – останавливаются.

интерпретация

Наверное, тот парень, который хорошо умеет танцевать и у которого необычная причёска, – стиляга, и другой хочет научиться у него танцевать и тоже стать стилягой. Родители, как представители советской системы, мешают им. Было бы интересно посмотреть, какова их реакция на поведение молодых людей.

эффекты

Музыка играет очень большую роль в этом отрывке из фильма и, наверное, во всём фильме *Стиляги*. В песне «Буги-вуги каждый день», под которую они танцуют, речь идёт о том, как танцевать этот танец. В начале песни описывается, какие ошибки, танцуя, не следует делать, а потом, как нужно танцевать; песня – короткая инструкция.

заключение

Мне нравится этот отрывок из фильма *Стиляги*. Я хотел(а) бы посмотреть весь фильм.

Шаги

Ответьте на следующие вопросы и сделайте заметки (см. 1. Делать заметки, стр. 99)

1. До просмотра фильма
   - Посмотрите (если возможно) на плакат к фильму. Как вы думаете, о чём идёт речь в этом фильме?
   - Выясните главные слова названия фильма.
   - Как вы думаете, что является главной тематикой фильма?
   - Как вы думаете, к какому жанру можно отнести этот фильм?

2. Во время просмотра фильма
   - О чём идёт речь?
   - Что является главной тематикой фильма?
   - Где и когда происходит действие?
   - Кто действующие лица (главные герои)? Что можно узнать о них?
   - Как можно охарактеризовать главных героев?
     - ▸ общая информация о герое (например: возраст, профессия, семья, время, место ...)
     - ▸ внешний вид (например: внешность, одежда, жестикуляция, мимика)
     - ▸ поведение (привычки) персонажа (например: Как он себя ведёт? Как его описывают другие люди?)
     - ▸ внутренний мир персонажа (например: его мысли, чувства)
     - ▸ персонаж в окружающем его обществе (Какие отношения с другими героями имеет персонаж? Как развивается персонаж под влиянием его круга знакомых?)
   - С какой перспективы показано действие?
   - Какую роль играет музыка?
   - К какому жанру можно отнести этот фильм?
   - К кому обращён этот фильм?
   - Что критикуется в фильме?

3. После просмотра фильма
   - Были ли у вас правильные предположения? Можете ли вы сейчас ответить лучше?
   - Что вы думаете о названии фильма? Подходит ли оно к самому фильму? Почему?
   - Что нового вы узнали?
   - Найдите информацию обо всём фильме.
     - ▸ О чём идёт речь в фильме?
     - ▸ В чём основная идея фильма?
     - ▸ Получил ли фильм какие-либо призы?
   - Кто режиссёр фильма и что известно о нём?
   - Что вам показалось интересным (скучным)?
   - Что вам понравилось в фильме, а что – нет?
   - Кто понравился вам больше всех? Кто не очень? Почему?

Полезные слова и выражения

а) Жанр фильма
- Данный фильм – комедия (трагедия, драма, фильм ужасов, боевик).
- Фильм «...» является художественным (документальным, музыкальным, короткометражным) фильмом.
- Этот фильм – мюзикл (мультфильм).
- Это сериал.

б) Участники
- *Кто?* ... – известный российский режиссёр (актёр, композитор).
- Режиссёром (Продюсером) данного фильма является *кто?* ...
- В роли *кого?*... – знаменитый актёр ...
- Главную роль играет (главные роли играют) *кто?* ...
- В главной роли снимался (снималась) *кто?* ...
- В главных ролях (фильме) снимались *кто?* ...
- В фильме играют (известные актёры) *кто?* ...
- Музыку к фильму написал(а) *кто?* ...

в) Сценарий
- В данном фильме речь идёт о *ком/чём?* ...
- Это фильм о *ком/чём?* ...
- Главной темой этого фильма является *что?* ...
- Действие фильма происходит *где?/когда?* ...
- Место действия – *что?* ... (город, вокзал).
- Во многих сценах показаны *кто/что?* ...

г) Эффекты
- В фильме используются звуковые (цветовые эффекты).
- В этом фильме много (мало, несколько) спецэффектов.
- Музыка играет (не) очень большую (значительную) роль в этом фильме.
- О музыке в данном фильме можно сказать, что ...
- О реквизите, который используется в фильме, можно сказать, что ...

д) Зритель
- Я видел(а) этот фильм впервые *где?/когда?* ...
- Фильм показывали в кино (по телевидению).
- Фильм есть на DVD.
- Этот фильм мне (не) (очень) понравился.
- Я думаю (считаю), что данный фильм ...
- Фильм произвёл на меня сильное впечатление.
- Фильм не произвёл на меня впечатления.
- Я ещё раз посмотрел(а) бы этот фильм.
- Я советую посмотреть этот фильм.

15 Высказывать и обосновывать мнение

Полезные слова и выражения

а) Выражение интереса и чувства
- Я (не) интересуюсь *кем/чем?* ...
- Я (не) заинтересован(а) *в чём?* ...
- Мне (не) интересно *что делать?*...
- Мне (не) нравится *кто/что?* ..., потому что ...
- Я (не) увлекаюсь *чем?* ...
- Я в восторге от *чего?* ...
- Я обожаю *кого/что?* ...
- Я (не) люблю *кого/что?* ...
- Это для меня (не)важно.
- *Кто/что?* ... для меня играет (не)большую (значительную) роль.
- Мне всё равно.
- Я рад(а), что ...
- Меня волнует, что ...
- Я боюсь, что ...

б) Высказывание мнения
- По-моему, ...
- Я (не) думаю, что ...
- Я (не) считаю, что ...
- Мне кажется, что ...
- На мой взгляд, ...
- Я понимаю *кого/что?* ..., но ...
- Я не могу понять *кого/что?* ...
- Это
  - актуальный (интересный, важный, глупый, значительный, необычный, отличный, прекрасный, серьёзный, творческий, хороший) вопрос.
  - интересный (важный, значительный, отличный, прекрасный, хороший, (не)убедительный) аргумент.
  - классная (отличная, плохая, прекрасная, смешная, удивительная, ужасная, хорошая) идея.
  - просто кошмар.
  - красивая (милая, старая) мечта.
  - мудрый (отличный, плохой, ужасный, хороший) совет.
  - классный (милый, смешной, ужасный, хороший) сюрприз.
  - дикий ужас.
  - значительный (необыкновенный, прекрасный, удивительный) успех.
  - классно (прекрасно, скучно, супер).

в) Выражение (не)согласия

- Я того же (другого) мнения.
- Я тоже так думаю.
- Я думаю по-другому.
- Это абсолютно (совершенно, совсем) (не)правильно.
- Я считаю это (не)правильным, потому что ...
- Это действительно (вообще не) так.
- Я (не) согласен (согласна) с тем, что ...
- В принципе, это (не)правильно, но ...
- Я за *что?* (против *чего?*), потому что ...
- Конечно, да (нет).

г) Обоснование мнения

- Нужно обратить внимание на то, что ...
- Не менее важно ...
- Очень важно также ...
- Нельзя забывать, что ...
- Я того же мнения, потому что ...
- Всё это говорит о том, что...
- На эту тему есть разные взгляды.
- На этот вопрос трудно найти ответ, но я считаю, что ...
- Само собой разумеется, что ...
- Я вижу связь в том, что ...
- Это сильный аргумент.
- Это можно объяснить так: ...
- Можно привести следующие факты: ...

16 Оценивать результаты (своей) работы

1. Оценка результатов работы – общие впечатления

- Я считаю эту презентацию одной из лучших.
- На мой взгляд, этот доклад (диалог) – один из самых (не)удачных.
- Я с интересом слушал(а) эту презентацию.
- Диалог был, к сожалению, скучным (неинтересным, слишком длинным, коротким).
- Всё было интересно (понятно, логично, правильно, ясно).
- Было интересно послушать ваш диалог (вашу презентацию).
- Я с удовольствием посмотрел(а) вашу сценку.
- По-моему, (*имя ученика/ученицы*) выбрал(а) интересные факты (примеры).
- Мне кажется, что он(а) (очень) хорошо (плохо) подготовился (подготовилась).
- По-моему, всё, что нужно (необходимо, следует) сказать по этой теме, сказано.
- Я узнал(а) много нового (интересного).
- Я не узнал(а) ничего нового (интересного).
- Заметно, что они (не очень) старались выполнить задачу.
- Мне кажется, что референт (не) смог(ла) ответить на большинство вопросов.
- Референт (не)уверенно отвечал(а) на (все) вопросы.
- Мне (очень, особенно) понравился (понравилась, понравилось, понравились) *что?* ...
- По-моему, он(а) не сделал(а) много ошибок.
- Я заметил(а), что он(а) сделал(а) много (мало) ошибок.

Оценка своей работы

- Я считаю, что презентация (не совсем) удалась.
- Мне кажется, (не) все с интересом слушали мою презентацию.
- Я (не)достаточно подготовил(а) *что?* ... (презентацию, доклад)
- Я (не)достаточно подготовился (подготовилась) к *чему?* ... (к презентации, докладу).
- К сожалению, у меня было слишком мало времени на подготовку *чего?* ...
- У нас не было возможности много репетировать.
- В группе мы хорошо (плохо) работали вместе.
- (Не) Каждый(ая) в группе выполнил(а) свою задачу.

2. Оценка презентации

- Мне (не) очень понравилась презентация (*имя ученика/ученицы mit Gen.*).
- Я считаю, (*имя ученика/ученицы*) подготовил(а) интересную (отличную) презентацию.
- Презентация (*имя ученика/ученицы mit Gen.*) была ((не) очень) интересной.
- Больше всего мне понравился (понравилась, понравилось, понравились) *что?* ...
- Референт говорил(а) (не)свободно.
- Он(а) всё время (никогда не) смотрел(а) в свои записи.
- Во время презентации он(а) (не) смотрел(а) на нас.
- По-моему, он(а) говорил(а) очень (слишком) быстро (медленно, тихо, громко).
- (*Имя ученика/ученицы*), в следующий раз старайся
  - говорить свободнее.
  - во время презентации больше смотреть на нас.
  - говорить (чуть) медленее (громче).
- (*Имя ученика/ученицы*), спасибо тебе за интересную презентацию.

Оценка своей работы

- Сегодня я говорил(а) (не)свободно ((не так, очень) быстро, громко, тихо).
- Я старался (старалась) смотреть не в свои записи, а на учеников.

3. Использование наглядного материала

- Я думаю, (*имя ученика/ученицы*) представил(а) интересный материал.
- Докладчик (Докладчица) показал(а) нам (не) очень интересные (подходящие к теме) фотографии.
- Материал, который нам показали, помог мне лучше понять, о чём идёт речь.
- Мне понравилось, что (*имя ученика/ученицы*) показал(а) красивые фотографии (иллюстрации, диаграммы).
- Он(а) нам показал(а) слишком много (мало)
  - наглядного материала.
  - фотографий (диаграмм, схем, таблиц).
- Я считаю, (*имя ученика/ученицы*) хорошо объяснил(а) диаграмму (схему, таблицу).
- (*Имя ученика/ученицы*), в следующий раз попробуй
  - выбрать (более) интересный (актуальный) материал.
  - найти красивые фотографии.
  - показать больше (не так много) диаграмм (схем, таблиц).

Оценка своей работы

- Может быть, я использовал(а) не совсем подходящий (актуальный) материал.
- Мне сейчас кажется, что я выбрал(а) слишком много (мало) фотографий.
- У меня, к сожалению, возникли трудности технического характера (во время презентации, дома с компьютером).

Инструкции к заданиям

Выберите ~ из приведённых примеров (из текста) ... *mit Akk.* ~ одну из задач (тем, следующих категорий). ~ правильный вариант. ~ правильный ответ. ~ правильную подпись. ~ правильный предлог. ~ правильную форму.	Wählen Sie ... aus. ~ aus den aufgeführten Beispielen (aus dem Text) ... ~ eine der Aufgaben (eines der Themen, eine der folgenden Kategorien) ~ die richtige Variante ~ die richtige Antwort ~ die richtige Unterschrift ~ die richtige Präposition ~ die richtige Form
Выпишите ~ из текста преимущества и недостатки ... *mit Gen.* в таблицу. ~ слова из текста, которые относятся к теме...	Schreiben Sie ~ aus dem Text Vor- und Nachteile ... in die Tabelle. ~ aus dem Text die Wörter heraus, die sich auf das Thema ... beziehen.
Выскажите своё (ваше) мнение.	Sagen Sie Ihre Meinung.
Выясните ...	Finden Sie heraus ...
Добавьте к *mit Dat.* контраргументы.	Fügen Sie Gegenargumente hinzu.
Дополните таблицу ~ (собственными) аргументами. ~ с помощью текста.	Ergänzen Sie die Tabelle ~ mit (eigenen) Argumenten. ~ mit Hilfe des Textes.
Задайте вопросы о ... *mit Präp.*	Stellen Sie Fragen zu ...
Закончите предложения.	Vervollständigen Sie die Sätze.
Запишите ... ~ в таблицу в тетради. ~ в тетрадь. ~ ключевые слова.	Schreiben Sie ... ~ in die Tabelle im Heft. ~ in das Heft. ~ Schlüsselwörter auf.
Заполните таблицу.	Füllen Sie die Tabelle aus. Vervollständigen Sie die Tabelle.
Изучите схему ...	Studieren Sie das Schema. (Sehen Sie sich das Schema genau an.)
Используйте ~ двойное отрицание. ~ имена существительные. ~ информацию из Интернета. ~ союзы ... ~ такие слова как ...	Verwenden Sie ~ die doppelte Verneinung. ~ Substantive. ~ Informationen aus dem Internet. ~ Konjunktionen ... ~ (solche) Wörter wie ...
Исправьте ~ неправильные высказывания. ~ предложения.	Korrigieren Sie ~ die falschen Aussagen. ~ die Sätze.
Назовите ~ как минимум три факта ... ~ примеры ... *mit Gen.* ~ сходства и различия.	Nennen Sie ~ mindestens drei Fakten... ~ Beispiele. ~ Ähnlichkeiten und Unterschiede.

Найдите	Finden Sie
~ в интервью слова с корнем ...	~ im Interview Wörter mit der Wurzel ...
~ в рассказе (в тексте)	~ in der Erzählung (im Text)
~ место ...	~ die Stelle ...
~ слова ...	~ die Wörter ...
~ в словаре ...	~ im Wörterbuch ...
~ окончания.	~ die Endungen.
~ глаголы (прилагательные), от которых образованы ...	~ Verben (Adjektive), von denen ... gebildet (abgeleitet) sind.
~ (дополнительные) аргументы за и против.	~ (zusätzliche) Argumente dafür und dagegen.
~ заглавие к картинке.	~ eine Überschrift zum Bild.
~ идеи (информацию) в Интернете о ... *mit Präp.*	~ Ideen (Informationen) im Internet über ...
~ информацию о ... *mit Präp.*	~ Informationen über ...
~ к каждому глаголу другой вид и однокоренные глаголы с другими приставками.	~ zu jedem Verb den anderen Aspekt und stammverwandte Verben mit anderen Präfixen.
~ на карте места ...	~ auf der Karte die Orte ...
~ подходящие названия для ... *mit Gen.*	~ passende Überschriften (Namen) zu ...
~ похожие предложения.	~ passende Sätze.
~ синонимы (перифразы).	~ Synonyme (Umschreibungen).
~ соответствия ...	~ die Entsprechungen.
~ сходства и различия ... *mit Gen.*	~ Gemeinsamkeiten und Unterschiede ...
Напишите	Schreiben Sie
~ акростих.	~ ein Akrostichon.
~ внутренний монолог.	~ einen inneren Monolog.
~ в тетрадь.	~ in das Heft.
~ e-mail, письмо-ответ.	~ eine E-Mail, einen Antwortbrief.
~ ключевые слова.	~ Schlüsselwörter auf.
~ комментарий	~ einen Kommentar
~ на сайте (*Präp.*)	~ auf der Webseite.
~ на форум (*Akk.*)	~ in das Forum.
~ короткую рецензию на фильм.	~ eine kurze Rezension über den Film.
~ краткое содержание (резюме) рассказа.	~ eine Zusammenfassung (ein Resümee) der Erzählung.
~ на карточках ...	~ auf Kärtchen ...
~ письмо за ... *mit Akk.*	~ einen Brief (aus der Sicht von *jmdm.*)
~ поздравительную открытку.	~ eine Glückwunschkarte.
~ своё продолжение и конец рассказа.	~ eine eigene Fortsetzung und ein Ende der Erzählung.
~ своё сообщение на форум о ... *mit Präp.*	~ eine eigene Mitteilung in das Forum über ...
~ свой комментарий.	~ einen eigenen Kommentar.
~ сопроводительное письмо.	~ ein Bewerbungsanschreiben.
~ сочинение.	~ einen Aufsatz.
Нарисуйте	Zeichnen Sie
~ аватар (аватары).	~ einen Avatar (Avatare).
~ свой комикс.	~ eine eigene Comicgeschichte.
Начните так: ...	Beginnen Sie so: ...

Обменяйтесь ~ карточками. ~ комментариями.	Tauschen Sie ... aus. ~ die Kärtchen ~ Kommentare
Обоснуйте ~ ваш (свой) выбор (ваше (своё) решение, ваше (своё) мнение) на основе текста.	Begründen Sie ~ Ihre Auswahl (Ihre Entscheidung, Ihre Meinung) auf der Grundlage des Textes.
Образуйте от существительных глаголы.	Bilden Sie von den Substantiven Verben.
Обратите внимание ~ на формы конъюнктива.	Achten Sie ~ auf die Formen des Konjunktivs.
Обсудите ... *mit Akk.* ~ в классе. ~ согласны ли вы с ... *mit Instr.* ~ с партнёром.	Besprechen Sie etw. ... ~ in der Klasse. ~ ob Sie mit ... einverstanden sind. ~ mit dem Partner.
Объясните ... *(mit Dat.)* ~ ваш (свой) выбор. ~ заголовок. ~ значение *mit Gen.* ~ карикатуру. ~ лозунги. ~ метафору. ~ на примерах, с помощью примеров. ~ почему ... ~ смысл тезисов. ~ цитату. **Объясните,** ~ как вы понимаете это слово. ~ как отражено в поговорках значение ... *mit Gen.*	Erklären (Erläutern) Sie *(jmdm.)* ~ Ihre Wahl. ~ den Titel (die Überschrift). ~ die Bedeutung ... ~ die Karikatur. ~ die Losungen. ~ die Metapher. ~ an Beispielen, mit Hilfe von Beispielen. ~ warum ... ~ den Sinn der Thesen. ~ das Zitat. Erklären Sie, ~ wie Sie dieses Wort verstehen. ~ wie die Bedeutung in den Redewendungen wiedergegeben wird.
Ознакомьтесь со статистикой ...	Machen Sie sich mit der Statistik vertraut.
Опишите ~ ваш опыт. ~ ... в том порядке, в котором происходит действие. ~ карикатуру. ~ картинку (картинки). ~ картину. ~ кто изображён на ... *mit Präp.* ~ настроение ... *mit Gen.* ~ стиль ... *mit Gen.* ~ фотографию (фотографии).	Beschreiben Sie ~ Ihre Erfahrung. ~ ... in der Reihenfolge, in der die Handlung sich abspielt... ~ die Karikatur. ~ das Bild (die Bilder). ~ das Gemälde. ~ wer auf ... abgebildet ist. ~ die Stimmung. ~ den Stil. ~ das Foto (die Fotos).
Определите ...	Bestimmen Sie ...
Ответьте на вопрос (вопросы), заданный в заглавии.	Beantworten Sie die Frage(n), die in der Überschrift gestellt wurde(n).
Охарактеризуйте ...	Charakterisieren Sie ...
Оцените ответы.	Bewerten Sie die Antworten.

Переведите ~ глаголы. ~ слова. ~ рубли в евро.	Übersetzen Sie ~ die Verben. ~ die Wörter. Rechnen Sie ~ Rubel in Euro um.
Передайте ~ высказывание ... *mit Gen.* (смысл) своими словами. ~ главное содержание текста своими словами. ~ главную информацию из текста своими словами.	Geben Sie ... *(jmdm.)* wieder. ~ die Aussage (den Sinn) mit eigenen Worten ~ den Hauptinhalt des Textes mit eigenen Worten ~ die Hauptinformation aus dem Text mit eigenen Worten
Перескажите ~ основную информацию. ~ самые важные факты на немецком языке ... *(mit Dat.)*	Geben Sie ... wieder. ~ den Hauptinhalt ~ die wichtigsten Fakten auf Deutsch
Подберите ~ заглавие. ~ к ... *mit Dat.* соответствующее предложение. ~ логическое продолжение ... *mit Gen.* ~ название к каждой картинке. ~ правильное начало слова.	Finden Sie ~ eine Überschrift. ~ zu ... einen entsprechenden Satz. ~ eine logische Fortsetzung ... ~ eine Überschrift zu jedem Bild. ~ den richtigen Wortanfang.
Подготовьте ~ короткий реферат. ~ презентацию. ~ ток-шоу.	Bereiten Sie ... vor. ~ ein kurzes Referat ~ eine Präsentation ~ eine Talkshow
Покажите фотографии и открытки из Интернета.	Zeigen Sie Fotos und Glückwunschkarten aus dem Internet.
Пользуйтесь словарём.	Nutzen Sie das Wörterbuch.
Помогите ... *mit Dat.* ~ в разговоре с ... *mit Instr.*	Helfen Sie *jmdm.* ~ im Gespräch mit *jmdm.*
Послушайте ~ новости. ~ радиопередачу. ~ сообщение о(об) ... *mit Präp.*	Hören Sie ~ die Nachrichten, Berichte. ~ die Radiosendung. ~ die Mitteilung über ...

Посмотрите ~ современную версию ...	Schauen Sie ... ~ die moderne Fassung ... an.
Посмотрите (внимательно) на ~ аватары. ~ иллюстрации. ~ интернет-страницу ... *mit Gen.* ~ картинку (картинки). ~ кадр(ы) из фильма. ~ карту. ~ открытку. ~ плакат. ~ рекламу ... *mit Gen.* ~ таблицу. ~ фотографию (фотографии).	Schauen Sie ... (aufmerksam) an. ~ die Avatare ~ die Bilder ~ die Internetseite ~ das Bild (die Bilder) ~ die Filmszene(n) ~ die Karte ~ die Glückwunschkarte ~ das Plakat ~ die Werbung (das Werbeplakat) ~ die Tabelle ~ das Foto (Fotos)
Поставьте существительные в нужном падеже.	Setzen Sie die Substantive im richtigen Kasus ein.
Пофантазируйте.	Fantasieren Sie. (Lassen Sie sich etwas einfallen.)
Предположите, о чём идёт речь в ... *mit Präp.*	Stellen Sie eine Vermutung an worum es in ... geht
Представьте (себе), что ...	Stellen Sie sich vor, dass ...
Представьте ваш план (ваши планы), список.	Präsentieren Sie Ihren Plan (Ihre Pläne), die Liste.
Преобразуйте предложения по образцу.	Wandeln (Gestalten) Sie die Sätze nach dem Muster um.
Приведите ~ примеры ... *mit Gen.* ~ свои аргументы за и против.	Führen Sie ... an. ~ Beispiele ~ eigene Argumente dafür und dagegen
Приготовьте ролевые карточки.	Bereiten Sie Rollenkarten vor.
Придумайте ~ аргументы (за и против). ~ вопросы. ~ выражения. ~ диалоги. ~ другое окончание рассказа. ~ историю, комикс. ~ заглавие/заголовок (заголовки) к ... *mit Dat.* ~ продолжение рассказа. ~ рекламу ... *mit Gen.* ~ (свой) слоган (лозунг) на тему ... ~ советы.	Denken Sie sich... aus. ~ Argumente (für und dagegen) ~ Fragen ~ Ausdrücke ~ Dialoge ~ ein anderes Ende der Erzählung ~ eine Geschichte, ein Comic ~ eine Überschrift (Überschriften) zu ... ~ die Fortsetzung der Erzählung. ~ eine Werbung für ... ~ einen (eigenen) Slogan zum Thema ... ~ Ratschläge.
Проанализируйте ~ карикатуры. ~ картинки. ~ песню. ~ результаты интернет-опроса.	Analysieren Sie ~ die Karikaturen. ~ die Bilder. ~ das Lied. ~ die Ergebnisse einer Umfrage im Internet.

Проведите	Führen Sie ... durch.
~ опрос на тему ...	~ eine Umfrage zum Thema ...
~ пресс-конференцию по поводу ... *mit Gen.*	~ eine Pressekonferenz zu ...
~ ток-шоу.	~ eine Talkshow
Проинтерпретируйте карикатуру (карикатуры).	Interpretieren Sie die Karikatur (Karikaturen).
Прокомментируйте	Erläutern Sie
~ анекдот.	~ den Witz.
~ карикатуру.	~ die Karikatur.
~ стихотворение.	~ das Gedicht.
Прослушайте	Hören Sie sich ... an.
~ диалог.	~ den Dialog
~ интервью.	~ das Interview
~ объяснение ... *mit Gen.*	~ die Erklärung von ...
~ передачу радиостанции ...	~ die Sendung des Radiosenders ...
~ песню.	~ das Lied
~ рассказ.	~ die Erzählung
~ стихотворение.	~ das Gedicht
Прочитайте	Lesen Sie
~ аргументы.	~ die Argumente.
~ афоризмы.	~ die Aphorismen.
~ вслух.	~ laut.
~ выражение.	~ den Ausdruck.
~ высказывание (высказывания).	~ die Aussage(n).
~ данные ниже слова и выражения.	~ die unten angegebenen Wörter und Ausdrücke (Begriffe).
~ интервью.	~ das Interview.
~ информацию.	~ die Informationen.
~ комикс (рассказ, статью).	~ den Comic (die Erzählung, den Artikel).
~ комментарии.	~ die Kommentare.
~ (краткую) биографию ... *mit Gen.*	~ die (kurze) Biografie von ...
~ лозунги плакатов.	~ die Losungen auf den Plakaten.
~ мнения (сообщения) из интернет-форума.	~ die Meinungen (Mitteilungen) aus dem
~ объявление (объявления).	Internetforum.
~ объяснение (объяснения) слова.	~ die Anzeige(n).
~ отзыв (отзывы) на тему ...	~ die Wortbedeutung(en).
~ отрывок из песни (дискуссии,	~ die Stellungnahme(n) zum Thema ...
стихотворения, статьи, пьесы, повести).	~ den Ausschnitt aus dem Lied (der Diskussion, dem Gedicht, dem Artikel, des Schauspiels, des Kurzromans).
~ письмо.	~ den Brief.
~ предложения из текста.	~ die Sätze aus dem Text.
~ прилагательные.	~ die Adjektive.
~ со словарём.	~ mit Hilfe des Wörterbuchs.
~ стихотворение.	~ das Gedicht.
~ текст	~ den Text
~ из ... *mit Gen.*	~ aus ...
~ песни.	~ des Liedes.
Разделитесь на группы.	Teilen Sie sich in Gruppen auf.

Разыграйте ~ встречу. ~ действие рассказа. ~ диалог (диалоги), интервью. ~ ток-шоу на тему ...	Spielen Sie (Inszenieren Sie) ~ ein Treffen. ~ die Handlung. ~ einen Dialog (Dialoge), ein Interview. ~ eine Talkshow zum Thema ...
Распределите ~ по категориям. ~ роли.	Teilen Sie ~ nach Kategorien ein. ~ die Rollen auf.
Расскажите (подробно) ~ о ... *mit Präp.* ~ о ваших выводах. ~ о каждом из друзей. ~ партнёру ... **Расскажите,** ~ что вы знаете о ... ~ что вы узнали о... ~ что с вами случилось.	Erzählen Sie (ausführlich) ~ über ... ~ über ihre Ergebnisse (Schlussfolgerungen) ~ über jeden der Freunde. ~ Ihrem Gesprächspartner ... Erzählen Sie ~ was Sie über ... wissen ~ was Sie über ... erfahren haben. ~ was mit Ihnen passierte.
Расставьте события рассказа в хронологическом порядке.	Ordnen Sie die Handlungen chronologisch.
Сделайте ~ дневниковую запись. ~ доклад на тему ... ~ заметки. ~ короткое сообщение. ~ коллаж. ~ презентацию. ~ стенгазету.	Fertigen Sie ... an. ~ eine Tagebuchnotiz ~ einen Vortrag zum Thema ... ~ sich Notizen ~ eine kurze Mitteilung ~ eine Collage ~ eine Präsentation ~ eine Wandzeitung
Скажите ~ иначе. ~ то же самое в нейтральном стиле. **Скажите,** ~ какие из ваших предположений были правильными. ~ какие из них соответствуют описанию. ~ какие из этих высказываний правильные. ~ какие из этих мест вам знакомы. ~ какие профессии вам бы подошли. ~ какой заголовок вам больше всего нравится. ~ к какому времени относятся ... ~ с какими историческими личностями или событиями связаны ... ~ согласны ли вы с ... ~ что (не)правильно.	Sagen Sie ~ es anders. ~ das Gleiche in neutralem Stil. Sagen Sie, ~ welche von Ihren Vermutungen richtig waren. ~ welche von ihnen der Beschreibung entsprechen. ~ welche von diesen Aussagen richtig sind. ~ welche von diesen Orten Ihnen bekannt sind. ~ welche Berufe Ihnen zusagen würden. ~ welche Überschrift Ihnen am besten gefällt. ~ zu welcher Zeit ... gehören. ~ mit welchen historischen Persönlichkeiten oder Ereignissen ... verbunden sind. ~ ob Sie mit ... einverstanden sind. ~ was (nicht) richtig ist.
Соберите ~ все листы. ~ информацию о (об) ... *mit Präp.* ~ картинки.	Sammeln Sie ~ alle Blätter ein. ~ Informationen über... Stellen Sie Bilder zusammen.

Соедините ~ высказывания по смыслу. ~ похожие русские и немецкие выражения.	Verbinden Sie ~ die Äußerungen dem Sinn entsprechend. ~ passende russische und deutsche Ausdrücke.
Создайте рекламные плакаты и коллажи.	Erstellen Sie Werbeplakate und Collagen.
Составьте ~ анкету ... *mit Gen.* на основе рассказа. ~ ассоциограмму с событиями, эпохами и историческими личностями. ~ диалог (диалоги). ~ диаграмму к опросу. ~ список ... *mit Gen.* ~ статистику. ~ таблицу (с позитивными и негативными изменениями). ~ шкалу развития. ~ предложение (предложения) с ... *mit Instr.* ~ придаточные предложения причины с союзами ... ~ сценарий.	Erstellen Sie ~ einen Fragebogen auf der Grundlage der Erzählung. ~ eine Mindmap mit Ereignissen, Epochen und historischen Persönlichkeiten. ~ einen Dialog (Dialoge) ~ ein Diagramm zur Umfrage. ~ eine Liste mit ... ~ eine Statistik. ~ eine Tabelle (mit positiven und negativen Veränderungen). ~ eine Skala der Entwicklung. Bilden Sie ~ einen Satz (Sätze) mit ... ~ Kausalsätze (Nebensätze des Grundes) mit Konjunktionen ... Schreiben Sie ein Drehbuch.
Сравните ~ ваши результаты со статистикой из статьи. ~ значение ... *mit Gen.* с немецким выражением ... ~ образование существительных от глаголов (с помощью суффиксов). ~ системы образования (фильм, содержание, картинки) ... *mit Gen.* с ... *mit Instr.*	Vergleichen Sie ~ Ihre Ergebnisse mit der Statistik aus dem Artikel. ~ die Bedeutung mit dem deutschen Ausdruck ... ~ die Bildung der Substantive von Verben (durch Suffigierung). ~ die Bildungssysteme (den Film, den Inhalt, die Bilder) von ... mit ...
Сформулируйте тему рассказа в одном предложении.	Formulieren Sie das Thema der Erzählung in einem Satz.
Считать Как вы **считаете**, ...? Какие изобретения вы **считаете** наиболее важными?	 Was meinen Sie, ...? Welche Erfindungen halten Sie für die wichtigsten?
Убедите ваших родителей, вашего партнёра.	Überzeugen Sie Ihre Eltern, Ihren Partner.
Угадайте ...	Erraten Sie ...

Вопросы и ответы к игре (стр. 14–15)

Für den Spielleiter

Вопросы	**Возможные ответы**
Найди слово.	
1. Какие слова на **-ость** ты знаешь? (Назови три.)	важность, вежливость, влюблённость, достопримечательность, новость, радость, уверенность, юность...
2. Кто это? Сын твоего дяди.	двоюродный брат
3. Кто это? Дочь твоей сестры.	племянница
4. Назови два слова к теме *Живопись*.	галерея, икона, картина, мастер, музей, нарисовать/рисовать, рисунок, художник, шедевр...
5. Назови три слова к теме *Музыка*.	автор, дискотека, дирижёр, (поп-)звезда, композитор, концерт, музыкальный, песня, спеть/петь, популярный, слушать, станцевать/ танцевать...
6. Как по-русски *regnerisch?*	дождливо (дождливый)
7. Назови антоним: вчерашний –	сегодняшний
8. Назови антоним: зимний –	летний
9. Назови пять слов к теме *Соревнование*.	бег, команда, победитель, победить/ побеждать, проиграть, тренер, тренировка, тренировать противник, спорт, стадион, судья, поучаствовать/ участвовать, участник, эстафета...
10. Какие слова на **-ие** ты знаешь? (Назови три.)	внимание, впечатление, желание, занятие, знание, значение, исключение, мнение, название, образование, поведение, поколение, положение, приглашение, развитие, расписание, расстояние, последствие, соревнование, стихотворение, условие
11. Как по-русски *Wettbewerb*?	конкурс, соревнование
12. Как по-русски *Zukunft*?	будущее
13. Как по-русски *sich mit etw. beschäftigen*?	заниматься *чем-нибудь*
14. Как по-русски *mit jmdm. befreundet sein*?	дружить с *кем-нибудь*
15. Как по-русски *heiß*? *(Wetter)*	жарко (жаркий)
16. Как по-русски *sonnig*?	солнечно (солнечный)
17. Как по-русски *künstlerisches Schaffen*?	творчество
18. Как по-русски *ungefähr*?	приблизительно
19. Как по-русски *Es schneit*?	Идёт снег.

Вопросы	**Возможные ответы**
Ты знаешь грамматику?	
1. *мать* Я иду к ... Дома нет ... Я хотел/а поговорить с ...	 матери матери матерью
2. Скажи по-другому: Вот новый ученик, приехавший из Москвы.	 Вот новый ученик, который приехал из Москвы.
3. Выбери правильный глагол движения и объясни свой выбор: Летом мы часто едем/ездим отдыхать на море.	ездим (*nicht zielgerichtet; Wiederholung; Signalwort* часто)
4. Скажи отрицательно: Ты мне всегда помогаешь.	 Ты мне никогда не помогаешь.
5. Поставь слово в нужной форме: Мне (нужный) словарь.	 Мне нужен словарь.
6. Выбери правильный глагол: Саша пришёл/вышел из дома в 3 часа.	 Саша вышел из дома в 3 часа.
7. Поставь слово в нужной форме: Я прихожу домой в 12 (час), а мой брат в 2 (час).	 Я прихожу домой в 12 часов, а мой брат в 2 часа.
8. *время* Прошло много ... Через некоторое ... В это ...	 времени время время
9. Выбери правильный ответ: Я сделал задания по (трём, тремя, троих) предметам.	 Я сделал задания по трём предметам.
10. *спорт* Все занимаются ... Я иду на ...	 спортом спорт
11. Поставь слово в нужной форме: Света (часто) ходит в кино, чем в театр.	 Света чаще ходит в кино, чем в театр.

Вопросы	Возможные ответы
Переведи.	
1. Ich denke an niemanden.	Я ни о ком не думаю.
2. Ich spreche mit niemandem über Probleme.	Я ни с кем не говорю о проблемах.
3. oft – öfter	часто – чаще
4. interessant – interessanter	интересный – интереснее
5. älter als Moskau	старше, чем Москва / старше Москвы
6. Ich spreche mit Sergej über die Iwanows.	Я (по)говорю с Сергеем об Ивановых.
7. Im 19. Jahrhundert wurden die Bauern zu freien Menschen.	В XIX веке крестьяне стали свободными.
8. Wenn ich Zeit hätte, würde ich dir helfen.	Если у меня было бы время, я бы помог(ла) тебе.
9. Wir treffen uns gegen sieben Uhr.	Мы встретимся часов в семь. / Мы встретимся около семи.
10. Er hilft einem Freund, damit dieser die Prüfung besteht.	Он помогает другу, чтобы тот сдал экзамен.
11. Peter, dessen Oma in Deutschland lebt, kommt zu uns zu Besuch.	Пётр, бабушка которого живёт в Германии, придёт (приедет) к нам в гости.
12. Ich bin einverstanden.	Я согласен (согласна).
13. Ich bin fertig.	Я готов(а).
14. Ich bin froh.	Я рад(а).
Что ты знаешь о России?	
1. Назови самую хорошую и самую плохую оценку в России.	пятёрка, единица
2. Что такое «первый звонок»?	Первый день учебного года. Празднуется 1-го сентября.
3. Что хотел узнать Беринг во время экспедиции для царя?	Он хотел узнать для царя, связаны ли Азия и Америка.
4. Кто такой П. И. Чайковский?	П. И. Чайковский был известным русским композитором. Он сочинил много опусов, опер и балетов.
5. Назови два факта из жизни А. П. Чехова.	– писатель – дружил с Л. Н. Толстым – известная драма: *Дядя Ваня* – известный рассказ: *Дама с собачкой* – родился 17 (29) января 1860; умер 2 (15) июля 1904

Вопросы	Возможные ответы
6. Назови два факта из жизни Л. Н. Толстого.	– писатель – написал роман *Анна Каренина* – построил школы для детей – дружил с А. П. Чеховым – жил в Ясной Поляне – родился 28 августа (9 сентября) 1828; умер 7 (20) ноября 1910
7. Назови два факта из жизни А. С. Пушкина.	– писатель – учился в *Царком селе* – писал стихи и прозу – родился 26 мая (6 июня) 1799; умер 29 января (10 февраля) 1837
8. Кто был первым и кто последним царём России?	Иван Грозный; Николай II
9. Какой город основал Пётр I?	Город Санкт-Петербург.
10. Что произошло в СССР в 1991 году?	В этом году распался СССР.
11. Откуда самая знаменитая царица России и как её зовут?	Екатерина II (или София Фредерика Августа) из Германии.
12. Чем известен князь Владимир Креститель?	Он стал христианином и сделал православие государственной религией.
13. Почему царя Ивана IV назвали «Грозным»?	Его так назвали за его характер. Он был жестоким человеком и даже убил своего сына.
14. Что такое «икона»?	Картина с изображением святых (людей).
15. Почему в России жили (живут) много немцев?	Немецкая принцесса стала русской царицей и пригласила немцев в Россию, потому что они были хорошими ремесленниками. Многие остались в России.
16. Как жили немцы в России при Сталине?	Сталин считал их врагами. Многие оказались в тюрьмах и лагерях.
17. Назови три известные исторические личности России.	Александр Невский, П. Столыпин, И. Сталин, А. Пушкин, Пётр I, В. Ленин, Ф. Достоевский, А. Суворов, Д. Менделеев, Иван Грозный
18. Назови два города, которые входят в «Золотое кольцо».	Сергиев Посад, Переславль-Залесский, Ростов, Ярославль, Кострома, Иваново, Суздаль и Владимир.
19. Когда празднуют *День Победы*?	*День Победы* отмечают 9-го мая.
20. Как называется самая длинная железная дорога России?	Транссиб
21. Где в России есть вулканы?	На Камчатке находятся около 30 вулканов.
22. На каком море находится город Сочи?	Сочи находится на Чёрном море.

Вопросы	Возможные ответы
Что ты видишь?	
1. Кто это?	М. С. Горбачёв
2. Это плакат к ... а) спектаклю. б) фильму. в) сериалу.	к сериалу (каждая серия 30 минут)
3. Где находится этот памятник?	на Урале, в Екатеринбурге
4. На какую тему эта карикатура?	экология
5. Это веб-страница предлагает... а) помощь в учёбе. б) курсы по изучению языков. в) работу.	курсы по изучению языков

Список использованной литературы

Интернет-страницы проверены 29. 04. 2011

Модуль 1 **17** Чёрный, С., Любовь должна быть счастливой. http://www.litera.ru/stixiya/authors/chernyj/all.html#lyubov-dolzhna-byt | http://live4fun.ru/joke/368566 | **18** Быстрицкая, Я., Учебный год со Штайнером – впечатления Тамары Субочевой// STUDY IN. - 2002, № 12. http://www.afs.ru/rus_ru/news/from_the_field/1862 | **19** Беспалова, Т., Система образования в России. http://www.edu-all.ru/pages/zamet/pub_270606.asp | **22** Феона, И., Любовь с первого взгляда. | **24** Non-Stop, Электронная любовь. http://minusok.com/text.php?sid=9071 | **28** В поисках цели, или Немецкая молодёжь на альтернативной службе в России. http://www.dw-world.de/dw/article/0,,4524561,00.html | http://www.dw-world.de/dw/article/0,,4531084,00.html | **30** Виртуальная любовь. ttp://www.ohgirl.ru/material/on_i_ona/all/virtualnaya_lyubov.html

Модуль 2 **33** Графчикова, В., Новый год. http://fantazery.moy.su/load/5-1-0-377 | **35** Хотимский, М., Пряники русские. http://www.karaoke.ru/song/6633.htm | **36** Мы боролись с мамами за каждый сантиметр платья. http://www.mr7.ru/life/family/family_14032.html | http://www.all-pages.com/photoreports/1/19/90/215/11.html | http://www.newsmsk.com/article/21Jun2009/bal.html | **37** Михалков, С., Избранное. Всемирная библиотека поэзии. Ростов-на-Дону, «Феникс», 1999. | **38** Нетерпение и труд. http://www.rg.ru/2007/06/06/molodyozh.html | **40** Что волнует современную молодёжь? Аргументы и факты. Кузбасс. – 2008. – № 29(609) – 16 июля | **42** Чехов, А., Злой мальчик. http://ilibrary.ru/text/1073/p.1/index.html | **44** Виноградский, К., Злой мальчик. По мотивам рассказа А.П.Чехова. Короткометражная комедия. ВГИК Москва, 2004. | **45** А. Чехов в Баденвайлере. http://www.badische-zeitung.de/badenweiler/lesungen-vortraege-theater-konzerte--32966657.html | **47** Горько! http://ru.wikipedia.org/wiki/Горько!

Модуль 3 **55** В московском парке Кузьминки пройдет выставка мусора, 26.02.08 http://www.klerk.ru/boss/news/101699/ | **56** http://www.greenpeace.org/russia/ru/campaigns/toxics/water-pollution/save-neva/news/ | **59** Юнтоловский заказник снова в опасности. http://baltinfo.ru/news/Yuntolovskii-zakaznik-snova-v-opasnosti-121066 | **60** Где на Руси жить хорошо? Аргументы и факты. – 1999. – № 29. | **62** Бутузова, Л., Французской мадам Сибирь к лицу, Московские новости, 26. 09. 2005

Модуль 4 **66** Степанов, В., На Кавказе. http://900igr.net/kartinki/strany/s.-Rossija-2.files/054-Na-Kavkaze-ljubjat-Muzyku-i-pljaski.html | **68** Футбол: много культур, одна страсть. http://www.dw-world.de/dw/article/0,,5720861,00.html | **70** Национальный состав России. http://worldgeo.ru/russia/lists/?id=33 | **71** Русский язык как родной в субъектах РФ. http://www.gramota.ru/book/rulang/page3_1.html | **72** Проблемы многонационального общества: ваше мнение. http://news.bbc.co.uk/hi/russian/talking_point/newsid_4682000/4682525.stm | 76 Горьковский автомобильный завод. http://ru.wikipedia.org/wiki/ Горьковский_автомобильный_завод | Россия на проводе. http://www.kitairu.net/rus/about_china/year_of_russia/ | http://profi-forex.org/news/entry1008061796.html | http://www.elec.ru/news/2010/09/17/energeticheskij-dialog-rossiya.html | **78** Distemper, Начни с себя. http://www.ofmusic.ru/accords/7706/28371.html | **79** Русская кухня. http://www.kedem.ru/voyaj/cuisine/20080825-russ-kitchen/

Модуль 5 **81** Майданик, Н., Единство навсегда. http://www.solnet.ee/holidays/s31_1.html | **82** Досталь, Н., Завещание Ленина. 12-серийный художественный телефильм. МакДос, 2006. | **83** Шаламов, В., Колымские рассказы, Лондон, Оверсиз пабликейшнз (Overseas Publications), 1978. | **86** Дербенёв, Л., Есть только миг. http://multimidia.narod.ru/authors/auth_1.htm#song_89 | **87** Федеральная служба государственной статистики. http://www.gks.ru/dbscripts/Cbsd/DBInet.cgi?pl=2244055 | **88** Свободные и безработные. http://nnm.ru/blogs/ashkaa777/svobodnye_i_bezrabotnye/ | **91** Стругацкие, А. и Б., Трудно быть богом. http://lib.ru/STRUGACKIE/be_god.txt | **94** Розенбаум, А., А может не было войны. http://www.rozenbaum.ru/lyr/baum0057.php

Приложение **98** Чехов, А., Вверх по лестнице. http://www.ostrovok.de/old/classics/chekhov/story013.htm | **126** Есенин, С., Не криви улыбку ... http://feb-web.ru/feb/esenin/texts/es1/es1-285-.htm | **129, 140** Тодоровский, В., Стиляги, Кинокомпания Красная Стрела, 2008